NAPOLEÃO
A ARTE DA
GUERRA E DO PODER

NAPOLEÃO
A ARTE DA GUERRA E DO PODER

Texto de
Coronel D'Aguilar, baseado nas
"Máximas de Guerra", de Napoleão

Introdução de
FREDERICK C. SCHNEID

© Arcturus Holdings Limited

Dados Internacionais de Catalogação na Publicação (CIP)
Angélica Ilacqua CRB-8/7057

Napoleão I, Imperador dos franceses, 1769-1821
    A arte da guerra e do poder : baseado nas Máximas de Guerra, de Napoleão / Napoleão ; introdução de Frederick C. Schneid ; tradução de Guilherme Kasmanas Godinho. -- Brasil : Pé da Letra, 2019.
    160 p. : il.

ISBN 978-85-9520-199-6

1. Guerra - Citações, máximas, etc. I. Título II. Schneid, Frederick C. II. Godinho, Guilherme Kasmanas

19-1719   CDD 355

Pé da Letra Editora Ltda.
CNPJ: 59.916.759/0001-61
Rua Coimbra, 255 - Jardim Colibri
Cotia - SP - 06712-410
Telefone (11) 3733-0404
pedaletraeditora@terra.com.br

Tradução: Guilherme Kasmanas Godinho
Edição: Monica Fleisher Alves
Revisão: Isabela Carvalho
Diagramação: Deborah Takaishi

Impresso no Brasil

SUMÁRIO

Introdução		7
Advertência/Prefácio		10-11
Máxima I	Obstáculos	15
Máxima II	Planos de campanha	16
Máxima III	Os motores do exército	20
Máxima IV	Corporações diferentes	22
Máxima V	Os princípios da guerra	24
Máxima VI	Avançar ou não avançar?	26
Máxima VII	Prontidão	28
Máxima VIII	E se?	40
Máxima IX	Rapidez	42
Máxima X	Moral	44
Máxima XI	União	46
Máxima XII	Linha única de operação	49
Máxima XIII	Distâncias	50
Máxima XIV	Frentes de batalha montanhosas	54
Máxima XV	Glória e honra	56
Máxima XVI	Confundindo o inimigo	58
Máxima XVII	Marcha e manobra	60
Máxima XVIII	Conduta determinada	62
Máxima XIX	Partindo da defensiva para a ofensiva	64
Máxima XX	Mudando a linha de operação	66
Máxima XXI	Marchando em uma coluna	67
Máxima XXII	A arte de encampar	68
Máxima XXIII	Audácia	69
Máxima XXIV	Protegendo suas tropas	70
Máxima XXV	Ousadia na retirada	71
Máxima XXVI	Agindo como uma unidade	72
Máxima XXVII	Reagrupando a formação	74
Máxima XXVIII	Mantendo a comunicação	76
Máxima XXIX	Granjeando reforços	78
Máxima XXX	Não marchar antes de ter o exército em posição	80
Máxima XXXI	Não deixar nada para o acaso	81
Máxima XXXII	Guarda avançada	84
Máxima XXXIII	Deixando a artilharia em posição	85
Máxima XXXIV	Não deixar pausas na corporação	86
Máxima XXXV	Protegendo acampamentos	88
Máxima XXXVI	Confrontação fluvial	89
Máxima XXXVII	Cruzando regiões de rios	90
Máxima XXXVIII	Defendendo rios	94
Máxima XXXIX	Cabeças de ponte	96

Máxima XL	Fortalezas	99
Máxima XLI	Táticas de invasão	100
Máxima XLII	Esperar ou não esperar?	104
Máxima XLIII	A ciência do engenheiro	106
Máxima XLIV	Garantindo a fortificação	107
Máxima XLV	Quando oferecer rendição	108
Máxima XLVI	Capitulação digna	110
Máxima XLVII	Cooperação	111
Máxima XLVIII	Formação da infantaria	112
Máxima XLIX	Composição mista de cavalaria e infantaria	114
Máxima L	Assaltos da cavalaria	116
Máxima LI	O negócio da cavalaria	118
Máxima LII	Artilharia montada	119
Máxima LIII	Artilharia	120
Máxima LIV	Posicionando a artilharia	121
Máxima LV	Exércitos campais	122
Máxima LVI	A importância da liderança	123
Máxima LVII	Unidade nacional	124
Máxima LVIII	Resistência	125
Máxima LIX	Kit do soldado	126
Máxima LX	Tratamento dos veteranos	128
Máxima LXI	Discursos	130
Máxima LXII	Tendas e acampamentos	131
Máxima LXIII	Tratamento dos prisioneiros	132
Máxima LXIV	Comando centralizado	133
Máxima LXV	Conselhos de guerra	134
Máxima LXVI	Talento para o comando	135
Máxima LXVII	Liderança fraca	136
Máxima LXVIII	Capitulação	138
Máxima LXIX	Prisioneiros de guerra	140
Máxima LXX	Conduta do vencedor	142
Máxima LXXI	Guerra civil	144
Máxima LXXII	Responsabilidade moral	145
Máxima LXXIII	Qualidades do líder	147
Máxima LXXIV	Deveres do chefe de pessoal	149
Máxima LXXV	Deveres do comandante de artilharia	151
Máxima LXXVI	Oficiais de postos avançados	152
Máxima LXXVII	A ciência da estratégia	154
Máxima LXXVIII	Estudar história	156
Índice		158
Crédito das imagens		160

INTRODUÇÃO

As vitórias militares decisivas de Napoleão, seguidas por sua derrota dramática em Waterloo, deixaram uma marca indelével no campo de estudos da guerra. Durante seus anos no exílio, na Ilha de Santa Helena, o grande líder decidiu estabelecer seu legado, a lenda napoleônica, definindo os eventos da sua vida antes que narrativas mais acabadas e contraditórias pudessem ser publicadas. Uma indústria completa do memorialismo escrito por aqueles que lutaram nas fileiras ou contra Napoleão apareceu na posteridade de Waterloo, mesmo após décadas de todo o ocorrido. Considerando a abrangência europeia das Guerras Napoleônicas – de Lisboa a Moscou –, o apelo público de ler relatos de primeira mão era considerável.

O primeiro homem de sua época
Napoleão compreendia que o poder que possuía inspirava e instilava medo. Contudo, como Alexandre Magno e Júlio César, ele se via como o primeiro homem da sua própria época e queria que seu legado refletisse conquistas civis e militares. Para fazer isso, ele tinha, assim como César, que ser seu principal agente de publicidade. Por isso, durante os seis anos de seu segundo exílio, ele narrou sua interpretação da história, seus pensamentos acerca de líderes militares e suas campanhas e, finalmente, suas opiniões sobre questões civis. As memórias de Napoleão oferecem uma contemplação fascinante da mente do antigo imperador.

Gênio militar
Uma das mais urgentes questões para o público leitor militar e civil era como Napoleão tinha conseguido alcançar tão admiráveis vitórias em um período relativamente curto de tempo. Ele forjou seu Grande Império em um espaço de dois anos após se coroar imperador e o manteve até o seu colapso, em fins de 1813. Mesmo assim, seu gênio militar administrou provisoriamente quaisquer derrotas até 1814. Sua fuga do exílio em Elba, em 1815, seguida pelos eventos dramáticos

que levaram a Waterloo, desenvolveram e deram mais nuances para a mística napoleônica.

Apesar de estar consciente dessa fascinação, Napoleão estava igualmente decidido a deixar algum legado de seus pensamentos militares para a posteridade. Isto aparentemente manifestava oposição com sua muito citada afirmação: "Eu nunca tive um plano de operação". Napoleão supostamente revelou seu segredo para empreender guerras em 1797, quando disse: "Existem na Europa muitos bons generais, mas eles supervisionam muitas coisas de uma vez. Eu vejo apenas uma coisa, que é o principal corpo inimigo. E tento arrasá-lo". Alguém poderia ter uma boa ideia da arte da guerra de Napoleão lendo a sua análise das campanhas de César, Turenne e Frederico, o Grande. Contudo, entre os grandes capitães da Europa, Napoleão foi autêntico por não dedicar o tempo especificamente para produzir um volume de sua arte da guerra.

O efeito manada

Numerosas recordações emergiram quase que imediatamente após a entrada de Napoleão no exílio e durante o século XIX. Uma das primeiras, intitulada *Maximes et Pensées de Napoléon*, apareceu em 1838, e foi editada por J.-L. Gaudy. No prefácio, o autor afirmava que havia reunido as máximas de diversas memórias particulares. Até mesmo o autor romântico francês Honoré de Balzac criou o seu *Maximes et Pensées de Napoléon*, em uma clara tentativa de tirar proveito da popularidade do nome de Napoleão.

Contudo, dois relatos de primeira mão apareceram no século XIX, escritos por veteranos das Guerras Napoleônicas que refletiram sobre as campanhas e suas lições. O Barão Antoine Jomini serviu como Chefe de Pessoal na corporação do Marechal Michel Ney durante as Guerras Napoleônicas, até desertar em 1813 e servir como funcionário do Czar Alexander I. Jomini escreveu numerosas narrativas de campanha dedicadas a Napoleão durante seu serviço junto ao exército francês. Com a aurora das Guerras Napoleônicas, ele decidiu explorar ao máximo sua experiência e produziu um compêndio sobre elementos formadores do combate napoleônico. O livro de Jomini, *Précis de l'art de la guerre*

(A Arte da Guerra), foi bastante popular entre a liderança militar e instituições na Europa e Estados Unidos, durante o século XIX.

A segunda obra que derivou das Guerras Napoleônicas foi *Vom Kriege* (Sobre a Guerra), de Carl von Clausewitz. Hoje, o trabalho de Clausewitz é bastante popular e largamente estudado em escolas de guerra e academias militares, apesar de ser mais voltado à relação entre guerras e política do que o trabalho de Jomini. O segundo oferece, na verdade, uma perspectiva de "como era estar lá". O livro de Jomini foi publicado em 1838, no mesmo ano que a popular edição francesa das máximas de Napoleão por J.-L. Gaudy.

A edição das máximas apresentada aqui foi inspirada na tradução inglesa do coronel Sir George D'Aguilar, publicada originalmente em 1831, sete anos antes da edição de Gaudy. Ela teve como base, em parte, os papéis de Emmanuel, Conde de Las Cases, que serviu como secretário pessoal de Napoleão durante o exílio em Santa Helena. Tendo caído em desgraça com Hudson Lowe, o governador militar da ilha, Las Cases foi banido, mas levou consigo seus papéis e manuscritos. A tradução de D'Aguilar se tornou a mais amplamente lida nos países de língua inglesa. Duas edições apareceram durante a Guerra Civil Americana. Uma delas, com introdução de Winfield Scott, general do exército dos Estados Unidos, cujos comentários aparecem no prefácio desta edição.

A aparição das máximas no início da Guerra Civil Americana indica como o pensamento militar de Napoleão permaneceu relevante até a segunda metade do século XIX. É claro, qualquer oficial que frequentou uma academia militar ou escola de guerra na Europa ou nos Estados Unidos nessa época era obrigado a estudar as Guerras Napoleônicas. Assim, as máximas eram vistas como um guia para os princípios básicos de combate que o patrono da guerra moderna havia advogado. Napoleão era tido em alta consideração na época e esse sentimento pode ser resumido pelas palavras do Duque de Wellington que, quando solicitado a nomear o maior de todos os generais, replicou: "Nessa época, em qualquer época, Napoleão".

Frederick C. Schneid
Professor e chefe do departamento de História da
Universidade de High Point (Carolina do Norte, EUA)

ADVERTÊNCIA

"O estudo do Manual do Oficial, ou Máximas de Napoleão, não pode faltar na preparação de todos os jovens oficiais em um curso de investigações, além de a obra permitir reflexões muito benéficas. Contém uma série de preceitos básicos, deduzidos da mais alta fonte de ciência militar e experiência, com orientações práticas, ponto a ponto, das mais célebres campanhas dos tempos modernos".

Winfield Scott

PREFÁCIO

Uma coleção de máximas que dirigiam as operações militares do maior comandante dos tempos modernos não pode deixar de ser de grande uso para os jovens oficiais que realmente desejam conhecimento da arte da guerra. As máximas são ilustradas por exemplos retirados das campanhas de Gustavus Adolphus, Turenne, Frederico e Napoleão. Esses grandes homens eram todos governados pelos mesmos princípios, e é aplicando esses princípios à leitura de suas respectivas campanhas que todo homem militar vai reconhecer sua sabedoria e posteriormente fazer uso delas como seu próprio gênio particular deve apontar.

"E aqui, talvez", afirma D'Aguilar, "minha tarefa pode ter sido considerada terminada; mas percebendo que por si só a obra estava incompleta, eu me esforcei para suprir a deficiência recorrendo a mais ilustrações das memórias de Montecuccoli, e às instruções de Frederico a seus generais. A analogia de seus princípios com aqueles de Napoleão me convenceu de que a arte da guerra é suscetível a dois pontos: um, que se relaciona totalmente com o repertório e o gênio do general; e outro, que se refere aos detalhes das matérias.

"O primeiro ponto é o mesmo em todas as épocas e em todas as nações, não importando com quais armas lutem. Isso significa que, em toda época, grandes comandantes têm sido governados pelos mesmo princípios.

"Já os detalhes, no entanto, são controlados pelas circunstâncias existentes naquele momento. Varia conforme o caráter de um povo e a qualidade das suas armas.

"É por isso que eu tenho pesquisado, em diferentes períodos da história, fatos ilustrativos dessas máximas e provas de que nada é *problemático* na guerra; mas que fracasso e sucesso em operações militares dependem quase sempre do gênio natural e da ciência do capitão".

A pintura rococó de Antoine-François Callet, com a Alegoria da Rendição de Ulm. *Mostra Napoleão vestido como um conquistador romano, brandindo a espada da justiça enquanto anjos exultantes soam suas trombetas.*

NAPOLEÃO
A ARTE DA GUERRA E DO PODER

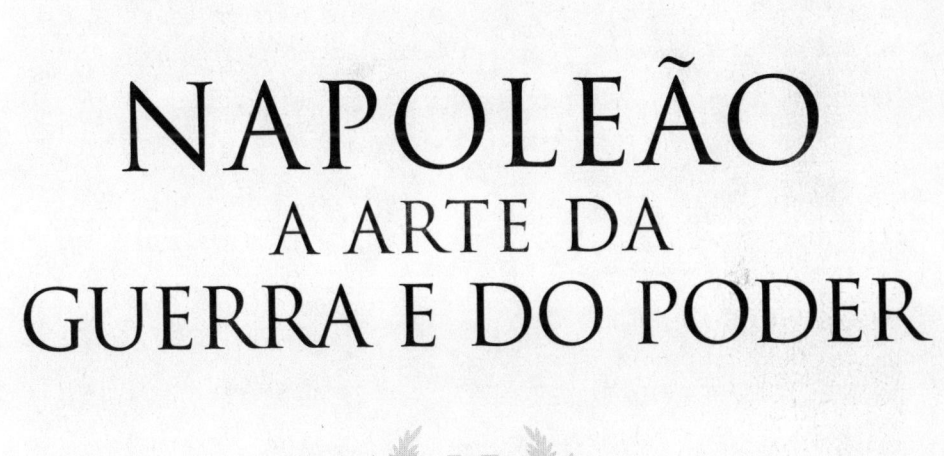

MÁXIMA I

As fronteiras dos estados em geral são marcadas por rios volumosos, cadeias de montanhas ou desertos. De todos esses obstáculos, para a marcha de um exército, o mais difícil de transpor é o deserto; em seguida vêm as montanhas, e os grandes rios ocupam o terceiro lugar.

NOTA

Napoleão, em sua carreira militar, parece ter sido chamado a superar todas as dificuldades que podem ocorrer em guerras de invasão.

No Egito, ele atravessou desertos e exterminou e destruiu os mamelucos, tão celebrados por sua destreza e coragem. Sua genialidade fez com que se adaptasse a todos os perigos dessa empreitada distante, em um país que não tinha como suprir as necessidades de suas tropas.

Na conquista da Itália, ele cruzou duas vezes os Alpes pelas passagens mais difíceis, isso em um período que tornou essa aventura ainda maior. Nos três meses que passou nos Pireneus, derrotou e dispersou quatro armadas espanholas. Em resumo, do Reno ao Borístenes (Dniepre), nenhum obstáculo natural foi encontrado para deter a rápida marcha de seu exército vitorioso.

Napoleão e sua equipe de generais no Egito, por J.-L. Gérôme, mostrando o jovem general pensativo durante a campanha egípcia de 1798-9. Napoleão acreditava que o deserto era o obstáculo mais desafiador para um exército, mais difícil de atravessar do que transpor montanhas ou rios.

MÁXIMA II

Ao realizar o planejamento de uma campanha, é necessário antecipar tudo que o inimigo pode fazer e estar preparado com todos os meios necessários para neutralizá-lo. Planos de campanha podem ser modificados *ad infinitum* de acordo com as circunstâncias – a genialidade do general, o caráter das tropas e a topografia do palco da ação.

NOTA

Às vezes, ao vermos uma campanha arriscada ser bem-sucedida, percebemos que seu plano é exatamente o inverso dos princípios da arte da guerra. Mas esse sucesso depende geralmente da sorte ou de falhas cometidas pelo inimigo – duas coisas com as quais um general nunca deve contar. Às vezes, o plano de uma campanha, apesar de ser baseado em sólidos princípios de guerra, corre o risco de fracassar em seu desfecho se for enfrentado por um adversário que, a princípio age na defensiva e, de repente, aproveitando a iniciativa, surpreende pela habilidade de suas manobras. Esse foi o destino do plano arregimentado pelo conselho áulico para a campanha de 1796, sob o comando do Marechal Wurmser. Ele havia calculado a completa dizimação do exército francês, fragmentando sua retirada. O marechal baseou suas operações na atitude defensiva do adversário, que estava assentado nas margens do rio Ádige e tinha que cobrir o cerco a Mântua, assim como ao centro-sul da Itália.

Wurmser, supondo que o exército francês tinha se fixado nos arredores de Mântua, dividiu suas forças em três grupos, que marcharam separadamente com a intenção de se reunir naquele lugar. Napoleão, ao entender o plano do general austríaco, percebeu a vantagem de desferir o primeiro golpe contra um exército dividido e sem nenhuma comunicação entre si. Então ele se apressou e desistiu do cerco a Mântua, reunindo todas as suas forças. Com isso, tornou-se superior aos imperialistas, cujas divisões ele atacou e derrotou. Dessa forma, Wurmser, que imaginava ter apenas que marchar para a vitória certa, viu-se compelido, após dez dias de campanha, a bater em retirada com o restante de seu exército para o interior do Tirol, após a perda de 25 mil homens entre os mortos e feridos, 15 mil prisioneiros, 9 postos de comando e 70 peças de artilharia.

Assim, para um general, nada é tão difícil como prever antecipadamente a linha de conduta a seguir durante uma campanha. Muitas vezes o sucesso depende das circunstâncias, já que elas não podem ser previstas. Isso significa que um general deve sempre se lembrar que nada prejudica tanto os esforços do gênio como obrigar o chefe de um exército a ser governado por qualquer vontade que não a sua própria.

Batalha de Castiglione em 5 de agosto de 1796. Napoleão penetrou na linha de frente austríaca enquanto atacava a retaguarda. A velocidade e o apuro tático de seu exército resultou em sua vitória. O historiador David G. Chandler escreveu: "os elementos dos ataques bem-sucedidos performados em Austerlitz, Friedland ou Bautzen já constavam em um plano existente e operante na Batalha de Castiglione".

MÁXIMA III

Um exército que se compromete a conquistar um país tem suas duas alas assentadas tanto sobre territórios neutros quanto sobre grandes obstáculos naturais, tais como rios ou cadeias de montanhas. Acontece em alguns casos que apenas uma ala se apoia nisso; e em outros ambas estão expostas.

Na primeira ocasião citada, a saber, onde ambas estão resguardadas, um general tem apenas que proteger seu fronte de qualquer infiltração. No segundo, onde apenas uma ala está apoiada, ele deve descansar ali. No terceiro, onde ambas estão expostas, ele deve depender de uma formação central e nunca permitir que as diferentes alas sob seu comando percam essa postura: pois se é difícil lidar com a desvantagem de ter dois flancos expostos, a inconveniência é duplicada ao ter quatro, com agravante se houver seis – isso se o exército for dividido em duas ou três tropas. Em primeiro lugar, então, a linha de operação pode permanecer indiferentemente à esquerda ou à direita. No segundo, deve ser direcionado para a ala sob suporte. E, no terceiro, deve ser perpendicular ao centro da linha de marcha do exército.

Mas em todos esses casos é necessário, a uma distância de cinco ou seis dias de marcha, ter um posto forte ou posição entrincheirada diante da linha de operação, de modo a coletar equipamentos militares e provisões, organizar comboios, e criar um núcleo de movimento e estabelecer um ponto de defesa para encurtar a linha de operação inimiga.

NOTA

Esses princípios gerais da arte da guerra eram inteiramente desconhecidos ou esquecidos na Idade Média. Os cruzados, que em suas incursões na Palestina pareciam não ter objetivo a não ser lutar e conquistar, tomaram muito poucos reveses para colher os louros das suas vitórias. Assim, incontáveis exércitos pereceram na Síria, sem qualquer outra vantagem a não ser aquela derivada do sucesso momentâneo obtido por números superiores.

Foi devido à negligência desses princípios, também, que Carlos XII, abandonando sua linha de operação de guerra e todas as comunicações com a Suécia, lançou-se na Ucrânia, e perdeu a maior parte de seu exército pelo cansaço da campanha de inverno em um país árido e carente de recursos.

Derrotado em Pultawa, ele foi obrigado a procurar refúgio na Turquia, após cruzar o Dniepre com o que sobrou de seu exército, reduzido a pouco mais de mil homens.

Gustavus Adolphus foi o primeiro que restabeleceu a arte da guerra aos seus verdadeiros princípios. Suas operações na Alemanha foram ousadas, céleres e bem executadas. Ele obteve sucesso em todos os momentos favoráveis para a segurança futura, e estabeleceu sua linha de operação de modo a impedir qualquer chance de interrupção com suas comunicações com a Suécia. Suas campanhas marcaram uma nova era na arte da guerra.

MÁXIMA IV

Quando a conquista de um país é empreendida por dois ou três exércitos, que têm cada um a sua linha de operações distinta, até que alcancem um ponto fixado como meta para sua concentração, deve ser postulado como princípio que a união desses grupos nunca aconteça próximo ao inimigo; porque o inimigo, ao unir suas forças, pode não apenas impedir essa concentração, mas pode derrotar totalmente os exércitos.

NOTA

Na campanha de 1757, Frederico, marchando para conquistar a Boêmia com dois exércitos que tinham cada um sua distinta linha de operações, conseguiu, não obstante, uni-los sob as vistas do Duque de Lorena, que arrastou o exército imperial sobre Praga; mas seu exemplo não deve ser seguido. O sucesso dessa marcha dependeu inteiramente da falta de reação do duque, que, no comando de 70 mil homens, nada fez para impedir a união dos dois exércitos prussianos.

Em 6 de maio de 1757, Carlos, Duque de Lorena, defendeu a (então) cidade austríaca de Praga contra Frederico, o Grande. Este, por sua vez, tinha invadido a Boêmia com seu exército prussiano de 64 mil homens. O Cerco de Praga resultou em prejuízo brutais para ambos.

MÁXIMA V

Todas as guerras devem ser regidas por certos princípios, pois cada uma deve ter um objetivo definido e ser conduzida de acordo com a norma da arte. (A guerra só deve ser realizada com forças proporcionais aos obstáculos a serem superados.)

NOTA

Era um dito do Marechal Villars que, quando é decidido levar uma guerra adiante, é necessário conhecer a informação exata do número de tropas que o inimigo pode trazer a campo, já que é impossível delinear qualquer plano sólido de operação, ofensiva ou defensiva, sem um conhecimento preciso do que se deve esperar e temer. "Quando o primeiro disparo é desferido", observa o Marechal Villars, "ninguém pode calcular qual será o balanço da guerra. É, portanto, de suma importância refletir com maturidade antes de começá-la". Quando isso é decidido, contudo, o marechal observa que os mais ousados e extensos planos são geralmente os mais sábios e bem-sucedidos. "Quando então decide-se levar a guerra adiante", ele acrescenta, "devemos enfrentar tudo com vigor e sem hesitação".

Em 1712, o Marechal Villars lidera o ataque na Batalha de Denain durante a Guerra da Sucessão Espanhola. A vitória sobre as forças aliadas holandesas e austríacas provou ser um ponto de virada para a sorte dos exércitos franceses. O ataque surpresa de Villars, estrategicamente habilidoso e implacável, fragmentou o pelotão holandês e permitiu ao franceses controlar o inimigo.

MÁXIMA VI

No início de uma campanha, avançar ou não avançar é uma questão muito séria a ser levada em consideração; no entanto, uma vez que a ofensiva foi assumida, ela deve ser mantida até o fim. Por mais habilidosas que sejam as manobras de retirada, elas sempre enfraquecerão o moral de um exército. Isso porque, ao perder suas últimas chances de sucesso, estas são transferidas ao inimigo. Além disso, retiradas sempre custam mais homens e equipamentos do que a maioria dos conflitos sangrentos; com uma diferença: em uma batalha, a perda do inimigo é quase igual à sua, enquanto que, na retirada, a perda é apenas do seu lado.

NOTA

O Marechal Saxe observa que nenhum recuo é tão favorável como aqueles que são feitos diante de um inimigo abatido e sem iniciativa, pois, quando ele prossegue vigorosamente, a retirada logo vai se transformar numa debandada. "Com base nesse princípio, é um grande erro aderir ao provérbio que recomenda construir uma ponte de ouro para um inimigo que está recuando. Não! Siga-o insistentemente, e ele será destruído!", afirma o marechal.

Entre 15 e 17 de novembro de 1796, durante as Guerras Revolucionárias Francesas, Napoleão lançou um ataque sobre as tropas austríacas para defender a cidade de Arcola, na Itália. Esta pintura romantizada de Horace Vernet mostra Napoleão liderando suas tropas ao atravessar uma ponte sob intenso fogo inimigo. A Batalha de Arcola durou três dias, e nesses dias o som dos disparos de canhão podiam ser ouvidos em Mântua, a cerca de 47 quilômetros de distância.

MÁXIMA VII

Um exército deve estar de prontidão todos os dias, todas as noites, e em todos os momentos do dia e da noite, para se opor a toda resistência da qual ele é capaz. Com essa visão, o soldado sempre deve estar completamente equipado com armas e munição; a infantaria nunca deve estar sem sua artilharia, sua cavalaria e seus generais; e as diferentes divisões do exército devem estar constantemente em estado de apoio, aptas a receber suporte e a proteger a si próprias.

As tropas, tanto estacionadas quanto acampadas ou em marcha, devem estar sempre em posições favoráveis, possuindo o essencial necessário para o campo de batalha; por exemplo, os flancos devem estar bem cobertos e toda a artilharia posicionada de modo a ter livre trânsito e dispor de alternativa mais vantajosa. Quando um exército está em forma de coluna, marchando, ele deve ter guardas preparados e flanqueadores para examinar bem a região que se avizinha, à esquerda e à direita, e sempre com uma distância que permita à falange principal se posicionar corretamente.

NOTA

As seguintes máximas, retiradas das memórias de Montecuccoli, parecem, para mim, escritas perfeitamente para o presente assunto, com definições e comentários úteis aos princípios gerais delineados na máxima precedente:

1. Quando a decisão de guerra tiver sido tomada, terá passado o momento de incertezas e inquietações morais. Ao contrário, somos obrigados a esperar que todo o mal que possa se abater, não o faça; que a Providência, ou nossa própria sabedoria, possa evitá-lo; ou que a falta de talento da parte do inimigo possa impedi-lo de se beneficiar disso. A primeira garantia de sucesso é conferir o comando a um único indivíduo. Quando a autoridade é dividida, a opinião dos comandantes frequentemente varia, e as operações se privam daquele espírito de *união* que é a essência da vitória. Além disso, quando a iniciativa é comum a muitos, e não está confinada a uma única pessoa, ela é conduzida sem vigor, e há menos interesse associado ao resultado.

Depois de nos conformarmos com todas as regras da guerra, e nos convencermos de que nada foi omitido para garantir o sucesso eventual, devemos então deixar a questão nas mãos da Providência, e nos tranquilizarmos na decisão de um poder superior.

Aconteça o que acontecer, é papel do comandante-geral permanecer firme e constante em seus propósitos; ele não deve se permitir ser exaltado pela prosperidade, nem ser rebaixado pela adversidade. Na guerra, o bem, o mal e a sorte se sucedem e formam o vai e vem das operações militares.

2. Quando seu próprio exército é forte e habituado ao serviço, e o do inimigo é fraco e composto por novos recrutas ou por tropas prostradas por períodos prolongados de ócio, então todos os meios disponíveis devem ser usados a fim de trazê-lo para a batalha.

Por outro lado, se o adversário tiver vantagem nas tropas, um combate decisivo deve ser evitado e você tem que se contentar em impedir o progresso dele, encampando as vantagens e fortalecendo passagens favoráveis. Quando os exércitos são equivalentes em força, é desejável não evitar uma batalha, mas apenas tentar lutar contra uma vantagem. Com esse propósito, deve-se tomar cuidado para acampar sempre na frente do inimigo; movimentar-se quando ele se movimenta, e ocupar os pontos altos e campos avantajados que se localizam em sua linha de marcha; apoderar-se de todas as edificações e estradas adjacentes ao seu acampamento, e se postar com prudência nos lugares onde ele deve passar. É sempre um ganho fazê-lo *perder* tempo, frustrar seus projetos ou retardar o progresso e a execução deles. Se, contudo, um exército é muito inferior ao do inimigo e não há possibilidade de manobrar com sucesso contra ele, então a campanha deve ser abandonada e as tropas devem se retirar.

3. O principal objetivo do comandante-geral, na hora da batalha, deve se assegurar acerca dos flancos do seu exército. É verdade que posições naturais podem ser encontradas e afetar esse objetivo, mas, se essas posições forem fixas e imóveis em si mesmas, elas apenas trazem vantagem para um general que deseja aguardar o choque do inimigo e não para um que marcha para um ataque.

Um general pode, portanto, confiar apenas no arranjo adequado de suas tropas, para capacitá-las a repelir qualquer tentativa que o adversário possa fazer na frente, nos flancos ou na retaguarda de seu exército.

Se um flanco do exército descansa sobre um rio ou em um precipício intransponível, a totalidade da cavalaria pode ser posicionada junto à outra ala, de modo a envolver mais facilmente o inimigo pela sua superioridade numérica.

Se o inimigo tiver seus flancos apoiados por bosques, uma cavalaria ligeira ou a infantaria deve ser destacada para atacá-lo nos flancos ou na retaguarda durante o calor da batalha. Se isso for praticável, deve-se realizar um ataque a suas cargas, para desorientá-lo.

Se desejar derrotar o flanco esquerdo do inimigo com sua ala direita, ou o direito dele com sua ala esquerda, a ala com a qual você ataca deve ser reforçada pela elite do seu exército. No mesmo momento, a outra ala deve evitar a batalha e a ala atacante trazida rapidamente para a frente a fim de devastar o inimigo. Se a natureza do terreno permitir, ele deve ser abordado furtivamente e atacado antes que ele esteja em guarda. Se quaisquer sinais de medo forem descobertos no inimigo (sinais de medo podem sempre ser detectados pela confusão ou desordem em seus movimentos), ele deve ser perseguido imediatamente sem permitir que ele tenha tempo para se recuperar. É a cavalaria então que agora deve entrar em ação e manobrar para surpreender e eliminar sua artilharia e sua bagagem.

Batalha de Wagram, de Vernet, 1809, celebrando outra vitória napoleônica sobre os austríacos. A luta na planície de Marchfield contou com mais de 30 mil homens e foi particularmente sangrenta. O gasto de cerca de 180 mil cápsulas de munição de artilharia resultou em pesadas baixas para ambos os lados.

4. A ordem de marcha deve ser sempre subserviente à ordem de batalha, cuja última disposição deve ser arranjada de antemão. A marcha de um exército é sempre bem regulada quando for governada pela distância a ser cumprida, e pelo tempo requerido para essa performance. A frente de uma coluna de marcha deve ser diminuída ou aumentada de acordo com a natureza da região, cuidando para que a artilharia sempre progrida na avenida principal.

Quando há um rio a ser ultrapassado, a artilharia deve ser enfileirada na margem oposta ao ponto de cruzamento.

É uma grande vantagem, quando um rio forma uma curva ou ângulo e quando uma parte rasa pode ser encontrada próximo ao lugar onde se deseja efetuar a passagem. Conforme a construção da ponte progride, a infantaria deve se adiantar para cobrir os operários mantendo um farol na margem oposta; mas, no momento em que é concluída, um corpo de infantaria e cavalaria e alguns maquinários devem ser impelidos adiante. A infantaria deve se entrincheirar imediatamente na cabeceira da ponte e é prudente, além disso, fortalecer o mesmo lado do rio de modo a proteger a ponte no caso de o inimigo se aventurar em um movimento ofensivo.

A guarda avançada de um exército deve ser sempre provida de guias confiáveis e de um corpo de pioneiros: os primeiros, para apontar as melhores estradas e os outros para trabalhar para que essas estradas se tornem mais trafegáveis.

Se o exército marchar em destacamentos, o comandante de cada destacamento deve receber por escrito o nome do local onde todos devem se reencontrar; o lugar deve estar suficientemente livre do inimigo para impedir que ele o ocupe antes da reunião de todos os destacamentos. Para isso, é muito importante manter o nome em segredo.

A partir do momento em que um exército se aproxima do inimigo, ele deve marchar na ordem em que se deve lutar. Se qualquer coisa deve ser apreendida, é necessário tomar precauções proporcionais ao grau de perigo. Quando um desfiladeiro deve ser ultrapassado, as tropas precisam ser detidas além da extremidade até que todo o exército tenha vencido o desfiladeiro.

Em 26 de agosto de 1812, a infantaria e o comboio franceses abasteceram no rio Dneiper enquanto engenheiros construíam uma ponte para o resto do exército de Napoleão.

De modo a manter ocultos os movimentos do exército, é necessário marchar durante a noite através dos bosques e vales, nas mais desertas estradas e fora do alcance de quaisquer lugares habitados. Nenhum fogo deve ser permitido; e, para favorecer ainda mais o projeto, as tropas devem se mover por ordem verbal. Quando o objetivo da marcha é adiantar um posto ou aliviar um lugar que está cercado, a guarda avançada deve marchar à distância de um tiro de mosquete da corporação principal, porque precisa estar preparada para um ataque imediato e pronta para derrubar o que aparecer pela frente.

Quando se empreende uma marcha para forçar uma passagem protegida pelo inimigo, é desejável fazer uma simulação em determinado ponto, enquanto que, em um movimento rápido, se faz o verdadeiro ataque em outro alvo.

Às vezes, o sucesso é obtido quando se finge bater em retirada da linha de marcha original e, em um repentino movimento de contramarcha, toma a passagem antes que o inimigo seja capaz de reocupá-lo. Alguns generais ganharam seu posto manobrando para iludir o inimigo, enquanto um destacamento o surpreendia na passagem por um outro grupo. O inimigo, preocupado em observar os movimentos do corpo principal, dá oportunidade para que o destacamento se entrincheire na posição nova.

5. Um exército regula seu modo de acampamento de acordo com o maior ou menor grau de precaução, conforme as necessidades das circunstâncias. Em um país amigo, as tropas são divididas, para conseguir melhores acomodações e suprimentos. Mas, com o inimigo à frente, o exército deve estar sempre pronto para enfrentar uma batalha. De acordo com essa visão, é da maior importância cobrir uma parte do campo, na medida do possível, com defesas naturais, tais como rios, cadeias de montanhas ou uma ravina. Deve-se tomar cuidado também para que o acampamento não seja comandado e que não haja obstáculo para uma

comunicação livre entre as diferentes corporações que possa impedir as tropas de se socorrerem mutuamente.

Quando um exército ocupa um campo fixo, é necessário estar bem suprido de provisões e munições, ou pelo menos que estes estejam dentro de certo raio e sua obtenção seja facilitada. Para assegurar isso, a linha de comunicação deve ser bem estabelecida e cuidada para deixar a fortaleza inimiga na retaguarda.

Quando um exército está estabelecido nos quartéis de inverno, sua segurança é melhor garantida tanto por um acampamento fortificado (para cujo beneficiamento deve ser selecionado um ponto próximo a um centro comercial grande ou um rio que ofereça facilidade de transporte) quanto pela distribuição em acantonamentos próximos, de modo que as tropas possam estar nas proximidades e capazes de se darem apoio mútuo.

Os quartéis de inverno de um exército devem ser igualmente protegidos pela construção de pequenas valas cobertas em todas as linhas de aproximação dos acantonamentos, e por postos de guarda avançada da cavalaria para observar os movimentos do inimigo.

6. Uma batalha deve ser buscada quando há razão para esperar pela vitória ou quando um exército corre o risco de ser arruinado sem haver luta; também, quando um lugar cercado deve ser dispensado ou quando se deseja impedir que um reforço alcance o inimigo. Da mesma forma, as batalhas são úteis quando desejamos lucrar com uma oportunidade favorável que permite a securização de certa vantagem, como a captura de um posto ou passagem não defendida, atacar o inimigo quando ele cometeu um erro, ou quando algum desentendimento entre seus generais favorece a tentativa.

Se um inimigo declina o conflito, ele pode ser constrangido a isso tanto pelo cerco de um local importante ou pelo bote enquanto ele não espera e quando não pode facilmente efetuar sua retirada. Ou (após fin-

gir bater em retirada) fazendo uma rápida contramarcha, atacando-o vigorosamente e o forçando à ação.

As diferentes circunstâncias sob as quais a batalha deve ser evitada ou denegada são quando há maior perigo a ser apreendido pela derrota do que vantagem derivada da vitória; quando se é numericamente muito inferior ao adversário e se espera reforços; e, sobretudo, quando o inimigo está postado em vantagem ou quando ele contribui com sua própria ruína por algum defeito inerente da sua posição, ou por erros e discórdia entre seus generais.

Para ganhar uma batalha, cada exército deve estar num posto vantajoso e ter os meios de entrar em conflito com seu fronte e flanco. As alas devem ser protegidas por obstáculos naturais, onde se apresentam, ou recorrendo, quando necessário, ao auxílio da arte.

As tropas devem ser capazes de assistir umas às outras sem confusão, e cuidados devem ser tomados para que as corporações infiltradas não se retirem voluntariamente e joguem o restante em desordem. Acima de tudo, os intervalos entre as diferentes corporações devem ser suficientemente pequenos para impedir o inimigo de penetrá-las pois, nesse caso, seria obrigatório recorrer às reservas e correr o risco de ser inteiramente sobrepujado. Às vezes, a vitória é obtida pela criação de distrações no meio da batalha, ou até mesmo privando o soldado de toda a esperança de recuar e colocando-o na situação em que é reduzido à necessidade de conquistar ou morrer.

10 de maio de 1796. Batalha de Lodi, um combate entre a Armada Italiana de Napoleão e o exército austríaco de Jean-Pierre Beaulieu. Napoleão ordenou a uma coluna da infantaria que realizasse um ataque por sobre a ponte de Lodi, mas eles fraquejaram sob o fogo austríaco. Por fim, a chegada da cavalaria francesa forçou os austríacos a recuar.

Máxima VII

No início de uma batalha, se o solo é plano, deve-se avançar para enfrentar o inimigo de modo a inspirar o soldado com coragem; mas, se o posto inicial for bom e sua artilharia estiver vantajosamente colocada, é melhor então esperá-lo com determinação. Importante ressaltar que se deve lutar com vontade, além de oferecer auxílio para aqueles que necessitam. E nunca trazer suas reservas para a ação, exceto em último caso; e, mesmo assim, preservar algum tipo de suporte por trás do qual as corporações fragmentadas possam se reunir.

Quando é necessário atacar com todas as forças, a batalha deve ser iniciada no fim do dia; porque então, qualquer que seja o obstáculo, a noite chegará para separar os combatentes antes que suas tropas estejam exauridas. Deste modo, adquire-se uma oportunidade de ensaiar uma retirada ordenada se o resultado da batalha assim o exigir.

Durante uma ação, o comandante-geral deve ocupar algum posto onde possa, na medida do possível, supervisionar todo o seu exército. Ele deve ser informado imediatamente de tudo que acontece nas diferentes divisões. E, para tornar o sucesso mais completo, deve estar pronto para operar com novas tropas nos pontos em que o inimigo está cedendo e para reforçar suas próprias alas se elas estiverem dispostas a ceder. Assim que é derrotado, o inimigo deve persegui-lo instantaneamente, sem lhe dar um momento para se reunir; por outro lado, se ele próprio for derrotado, ou perder as esperanças de vitória, deve recuar do modo mais ordeiro possível.

7. Demonstra ter grande talento um general que mantém suas tropas preparadas para a ação em colisão com as tropas que não estão. Por exemplo, tropas descansadas contra aquelas que estão exaustas – homens bravos e disciplinados contra recrutas. Ele deve igualmente estar sempre pronto para cair com seu exército sobre corporações fracas ou destacadas, seguir o rastro inimigo e atacá-lo entre desfiladeiros, antes que ele possa encarar e se posicionar.

8. Uma posição é boa quando as diferentes corporações estão posicionadas de modo a se envolverem com vantagem, e sem que nenhuma permaneça ociosa. Se você estiver em superioridade de cavalaria, as posições devem ser tomadas nas planícies e nos terrenos abertos; se na infantaria, em locais fechados e cobertos. Se em inferioridade numérica, em espaços estreitos e confinados; se em superioridade, em campos extensos e espaçosos. Com um exército muito inferior, uma passagem deve ser selecionada para ser ocupada e fortalecida.

9. A fim de obter todas as vantagens possíveis de um desvio, devemos verificar primeiro que o país em que ele deve ser criado precisa ser de fácil penetração. Um desvio deve ser feito com vigor, e naqueles pontos em que se calcula causar o maior dano ao inimigo.

10. Para entrar em uma guerra com sucesso, os seguintes princípios nunca devem ser abandonados: ser superior ao seu inimigo em números, assim como em moral; batalhar de modo a espalhar o terror no país; dividir seu exército em tantas tropas quanto for possível sem riscos, de modo a realizar diversos objetivos ao mesmo tempo; tratar bem aqueles que cedem e maltratar aqueles que resistem; para proteger sua retaguarda, ocupar e se fortalecer em algum ponto de partida que deve servir como quartel-general para apoiar seus movimentos futuros; proteger-se contra a deserção; tornar-se mestre dos grandes rios e dos principais passos, e estabelecer sua linha de comunicação tomando posse das fortalezas, empregando cercos contra elas, e combatendo em campos abertos; pois é inútil esperar que conquistas sejam alcançadas sem combates; apesar de que quando a vitória é obtida, ela será melhor mantida pela união do pacifismo com a audácia.

MÁXIMA VIII

Um comandante-geral deve se perguntar várias vezes por dia: "O que devo fazer se o exército inimigo aparecer agora no meu fronte, à minha direita, ou à minha esquerda?" Se ele tiver qualquer dificuldade em responder a essas questões, sua posição é inadequada e ele deve procurar remediá-la.

Antes de Napoleão, Maurice de Saxe, marechal da França (1676-1750), foi o general francês mais bem-sucedido do século XVIII.

NOTA

Na campanha de 1758, a posição do exército prussiano em Hohen Kirk, que era comandado pelas baterias do inimigo que ocupavam todas as terras altas, tinha sérios defeitos; apesar disso, Frederico, que viu sua retaguarda ameaçada pelas tropas de Laudon, permaneceu seis dias em seu acampamento sem buscar corrigir sua posição. Parecia, de fato, que ele ignorava o perigo real: pois o Marechal Daun, tendo manobrado durante a noite de modo a atacar na aurora, surpreendeu os prussianos em suas linhas antes que fossem capazes de se defender, e desse modo foram completamente cercados.

Frederico conseguiu, no entanto, efetuar sua retirada com regularidade, mas não sem perder dez mil homens, muitos oficiais, e quase toda a sua artilharia. Se o Marechal Daun tivesse acompanhado a vitória com sua ousadia crescente, o rei da Prússia nunca teria sido capaz de reagrupar seu exército. Nessa ocasião, a boa sorte de Frederico equilibrou sua imprudência.

O Marechal Saxe observa que há mais talento do que se imagina nas más disposições, se tivermos a arte de convertê-las em boas quando chegar o momento favorável. Nada paralisa tanto o inimigo quanto essa manobra; ele contou com *algo*; todos os seus arranjos foram fundamentados de acordo com isso – e no momento do ataque *isso* lhe escapa! "Devo repetir", diz o marechal, "não há nada mais desconcertante para um inimigo quanto *isso*, ou o leva a cometer tantos erros; pois se segue que, se ele *não* revisar seus planos, será derrotado; e, se *revisar*, na presença do adversário, poderá estar igualmente arruinado."

Tenho a impressão, contudo, que um general que deveria apoiar o sucesso de uma batalha sobre tal princípio estaria mais propenso a perder do que a ganhar com isso; pois se ele tivesse que lidar com um adversário habilidoso e um estrategista vigilante, o último encontraria tempo para aproveitar os maus arranjos anteriores, antes que ele fosse capaz de remediá-los.

MÁXIMA IX

A força de um exército, como o poder na mecânica, é estimada pela multiplicação da massa pela rapidez; uma marcha veloz aumenta o moral de um exército e acrescenta recursos para a sua vitória.

NOTA

"Rapidez", diz Montecuccoli, "é importante para ocultar os movimentos de um exército, porque não deixa tempo para irradiar as intenções de seu chefe. É, portanto, uma vantagem atacar o inimigo inesperadamente, pegá-lo com guarda baixa, surpreendê-lo e deixá-lo sentir o trovão antes que veja o clarão; mas se uma celeridade muito grande exaurir suas tropas, enquanto, por outro lado, o atraso o prive do momento favorável, você deve pesar a vantagem contra a desvantagem, e escolher entre elas".

O Marechal Villars observa que "na guerra tudo depende sobre ser capaz de enganar o inimigo; e uma vez tendo dominado esse ponto, nunca lhe permita tempo para se recuperar". Villars uniu a prática ao preceito. Suas rápidas e ousadas marchas eram quase sempre coroadas com o sucesso.

Era a opinião de Frederico que todas as guerras deviam ser curtas e velozes; porque uma guerra longa invariavelmente relaxa a disciplina, diminui a população do estado e exaure seus recursos.

O Assalto dos Cuirassiers Franceses em Friedland, *pintado por Ernest Meissonier. Em 1807, na Batalha de Friedland (hoje Pravdinsk, Rússia), a grande armada de Napoleão decisivamente derrotou o exército russo, então sob comando do Czar Alexandre I.*

MÁXIMA IX

MÁXIMA X

Quando se tem um exército inferior em número, inferior em cavalaria e artilharia, é essencial evitar uma ação geral. A primeira deficiência deve ser suprida pela rapidez de movimento; a falta de artilharia, pela natureza das manobras; e a inferioridade da cavalaria, pela escolha de posições. Em tais circunstâncias, o moral do soldado realiza um grande trabalho.

NOTA

A campanha de 1814 na França foi habilidosamente executada sobre esses princípios. Napoleão, com um exército numericamente inferior, com guerreiros desencorajados pelos recuos desastrosos em Moscou e em Leipzig, e mais ainda pela presença do inimigo no território francês, deu um jeito de suprir sua vasta desigualdade de força com a rapidez e a combinação de seus movimentos. Pelo sucesso obtido em Champaubert, Montmirail, Montereau e Rheims, ele começou a restaurar o moral do exército francês. Os numerosos recrutas que compunham as tropas já tinham adquirido aquela firmeza da qual os antigos regimentos lhes davam exemplos, quando a captura de Paris e a extraordinária revolução que ela produziu obrigaram Napoleão a depor as armas.

Mas essa consequência foi resultado mais da força das circunstâncias do que de qualquer necessidade absoluta; pois Napoleão, ao carregar seu exército até o outro lado do Loire, poderia facilmente ter formado uma junção com os exércitos dos Alpes e dos Pireneus e reaparecido no campo de batalha no elmo de 100 mil de homens. Tal força teria bastado para restabelecer as chances da guerra em seu favor; mais especialmente porque os exércitos dos soberanos aliados teriam sido obrigados a manobrar sobre o território francês com todas as fortificações da Itália e França nas suas costas.

A marcha triunfante de Napoleão por Berlim em 27 de outubro de 1806, durante a ocupação da Prússia pelos franceses. Dali ele avançou até o leste da Prússia e a Polônia. Até o fim de 1807, Napoleão havia ganhado controle de quase toda a Europa ocidental e central, exceto Espanha, Portugal, Áustria e alguns pequenos estados.

MÁXIMA XI

Dirigir operações com linhas muito distantes umas das outras, e sem comunicações, é cometer uma falta que sempre dá origem a uma outra. A coluna destacada tem ordens apenas para o primeiro dia. Suas operações no dia seguinte dependem do que pode ter acontecido com a tropa principal. Assim, esta coluna pode tanto perder tempo no advento de emergências, esperando por ordens, ou poderá agir sem elas, e em perigo. Deixe portanto que seja considerado um princípio em que um exército sempre mantenha suas colunas tão unidas, a ponto de impedir que o inimigo passe entre elas impunemente. Sempre que, por razões particulares, se abandone esse princípio, as tropas destacadas devem ser independentes em suas operações. Elas devem progredir em direção a um determinado ponto para uma futura reunião. Elas devem avançar sem hesitação e sem esperar por ordens renovadas; e todas as precauções devem ser tomada para evitar um ataque sobre eles.

NOTA

O exército austríaco, comandado pelo Marechal Alvinzi, estava dividido em duas tropas destinadas a agir independentemente até que se juntassem nos arredores de Mântua. A primeira das tropas, com 45 mil homens, estava sob as ordens de Alvinzi. Ela deveria partir de Monte Baldo, avançando sobre as posições ocupadas pelo exército francês no Ádige. A segunda tropa, comandada pelo General Provéra, estava destinada a agir na região do baixo Ádige e elevar a barricada em Mântua.

No início da Batalha de Rivoli, em 14 de janeiro de 1797, os franceses estavam em desvantagem numérica. Mas a capacidade de Napoleão de deslocar rapidamente forças para o campo de batalha e a superioridade tática das tropas francesas levou a uma vitória decisiva que finalmente faria com que Napoleão dominasse Itália.

Napoleão, informado dos movimentos do inimigo, mas não compreendendo totalmente seus projetos, limitou-se apenas a concentrar suas massas e dar ordens às tropas para que se mantivessem prontas para manobrar.

Enquanto isso, novas informações satisfaziam o comandante-geral do exército francês, cuja tropa desembarcou em La Coronna, sobre o

Monte Baldo, e estava se preparando para juntar a cavalaria e a artilharia – que tinham cruzado o Ádige em Dolce, e estavam se dirigindo para o planalto de Rivoli, pela estrada, liderados por Incanole.

Napoleão imediatamente previu que, tendo domínio do platô, seria capaz de impedir essa junção, e obter todas as vantagens da iniciativa. Consequentemente, ele pôs as tropas em movimento e às duas horas da manhã ocupou aquela importante posição. Ele repeliu todos os ataques, fez 7 mil prisioneiros, e tomou diversos estandartes e 12 peças de canhão. Às duas da tarde no dia seguinte, a batalha de Rivoli já estava ganha quando Napoleão, descobrindo que o General Provéra havia atravessado o Ádige em Anghiari e estava se dirigindo para Mântua, deixou para seus generais o trabalho de prosseguir sua retirada de Alvinzi e colocou-se à frente de uma divisão com o propósito de derrotar os planos de Provéra.

Marchando rapidamente, ele de novo teve sucesso na iniciativa da movimentação para impedir que o contingente de Mântua unisse suas forças com as tropas de reforço. As topas entrincheiradas no cerco, ansiosas por se distinguir sob os olhos do conquistador de Rivoli, obrigaram o contingente a se retirar para o quartel, enquanto a divisão de Victor, esquecendo a fadiga da marcha acelerada, correu de forma impetuosa na direção do exército aliviado. Nesse momento, um ataque das linhas de St. George o pegaram no flanco, enquanto as tropas de Augereau, que haviam seguido o movimento do general austríaco, o atacaram na retaguarda. Provéra, cercado por todos os lados, capitulou. O resultado dessas duas batalhas custou aos austríacos 3 mil homens entre mortos e feridos, 24 estandartes e 46 peças de canhão.

MÁXIMA XII

Um exército deve ter apenas uma linha de operação. Esta deve ser preservada com cuidado e jamais abandonada, exceto no último limite.

NOTA

"A linha de comunicação de um exército", diz Montecuccoli, "deve ser certeira e bem estabelecida, pois cada exército que age distante da base, e não cuida em manter sua linha em estado de perfeita abertura, marcha sob um precipício. Ele se move para a ruína certa, como pode ser atestado por exemplos infinitos. De fato, se a estrada pela qual as provisões, munições e reforços devem ser trazidos não for inteiramente segura – se os armazéns, os hospitais, os depósitos de armas e os lugares de suprimentos não são fixos e comodamente situados – não apenas o exército não pode manter o território, mas ele também se exporá aos maiores perigos".

MÁXIMA XIII

As distâncias permitidas entre as tropas de um exército durante a marcha devem ser controladas pelas localidades, circunstâncias e pelo seu objetivo.

NOTA

Quando um exército se move a uma certa distância do inimigo, as colunas podem ser dispostas ao longo da estrada de modo a favorecer a artilharia e o transporte de carga. Mas, quando marcha para a ação, as diferentes tropas devem formar colunas cerradas em ordem de batalha. Os generais devem tomar cuidado para que os comandantes de cada coluna ataquem simultaneamente, não atravessem o ritmo uma das outras, e que, aproximando-se do campo de atuação, eles preservem os intervalos relativos necessários à implantação.

"As marchas preparatórias para uma batalha requerem", diz Frederico, "a maior precaução". Com esse ponto de vista, ele recomenda que seus generais fiquem particularmente atentos e reconheçam o terreno a distâncias sucessivas, de modo a garantir a iniciativa pela ocupação das posições que entram no cálculo de maior favorecimento ao ataque. Em uma retirada, é opinião de muitos generais que um exército concentre suas forças e marche em colunas cerradas e, se ainda tiver forças suficientes, deve prosseguir a ofensiva; pois por esse meio é fácil formar a linha quando uma oportunidade favorável se apresenta, tanto para acossar o inimigo quanto para atacar se não estiver em situação de aceitar uma batalha.

Quadro de Vasily Surikov, de 1899. Mostra as tropas russas cruzando os Alpes em 1799, lideradas pelo célebre General Alexander Suvorov, que posteriormente escreveu as Regras de Conduta para Ações Militares nas Montanhas. *Numerosas pinturas do século XIX comemoram essa tentativa extraordinariamente corajosa de conquistar os elementos.*

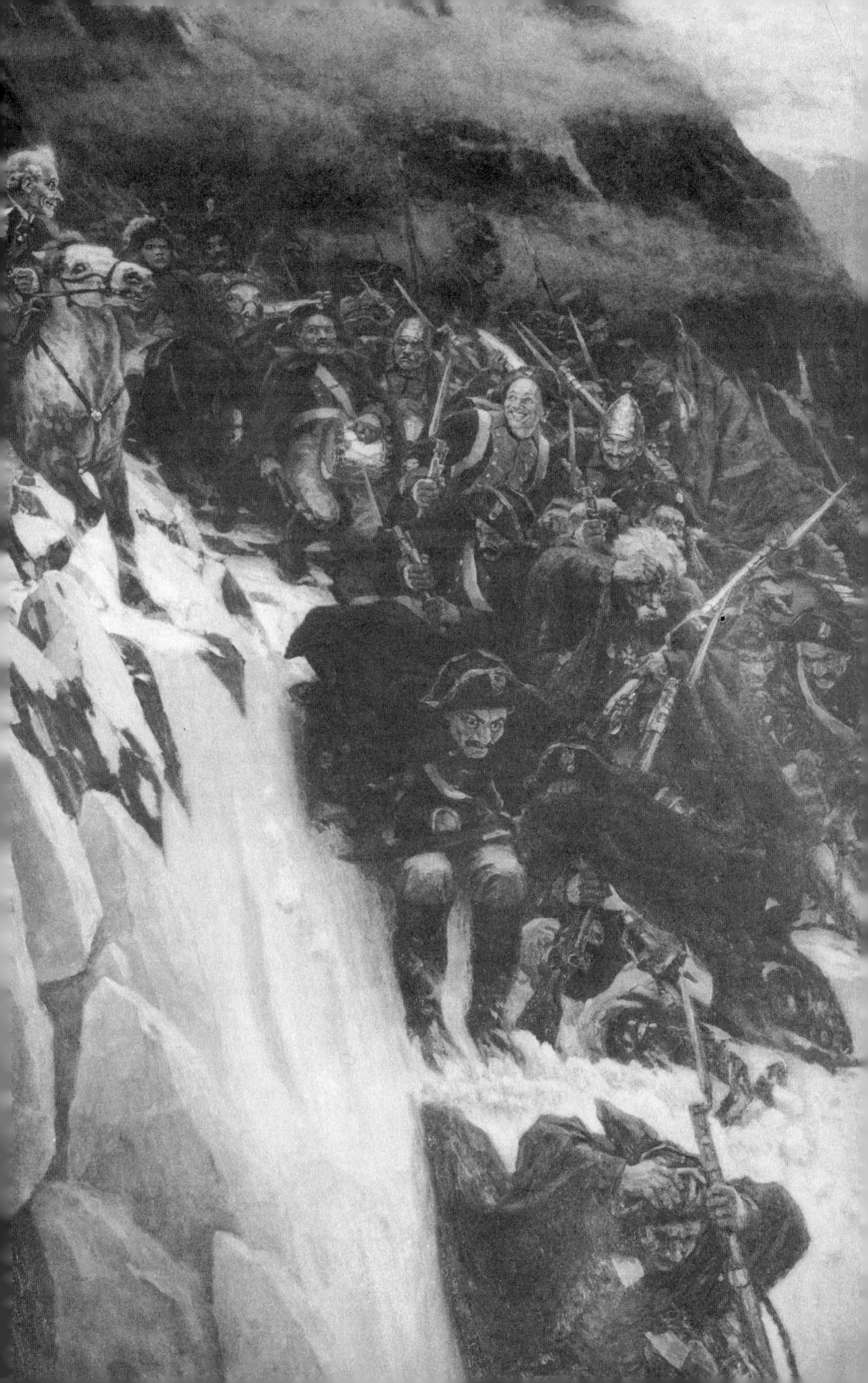

Assim se deu a retirada de Moreau após a passagem do Adda pelo exército austro-russo. Depois de ter comandado a retirada de Milão, o general francês se encastelou entre os rios Pó e Tanaro.

Seu acampamento sobre Alexandria e Valência, duas capitais fortificadas, tinha a vantagem de cobrir as estradas para Turim e Savona, pelas quais ele poderia bater em retirada caso não conseguisse se juntar aos exércitos de Macdonald que, por sua vez, tinha recebido a ordem de deixar o reino de Nápoles, e apressar sua marcha para a Toscana.

Forçado a abandonar sua posição em consequência da insurreição em Piemonte e na Toscana, Moreau recuou por Asti, onde descobriu que sua comunicação com o rio de Gênova tinha acabado de ser interrompida pela captura de Ceva. Após diversas tentativas frustradas de retomar esse posto, ele viu que sua única saída era na direção das montanhas.

Para realizar esse objetivo, ele levou a totalidade de sua comitiva pelo Coronel de Fenestrelle na França; e, abrindo em seguida um caminho sobre o S. Bernardo, conquistou Loano com sua artilharia leve e a uma pequena quantidade de equipamentos de guerra preservada.

Por este movimento habilidoso, ele não apenas reteve suas comunicações com a França, mas foi capaz de observar os movimentos do exército de Nápoles e, para facilitar sua reunião com ele, levou todas suas forças pelos pontos necessários para esse propósito.

Nesse meio tempo, Macdonald, cuja única chance de sucesso dependia de concentrar seu pequeno exército, negligenciou esta precaução e foi derrotado em três episódios sucessivos no Trebbia.

Por este atraso em sua marcha, ele tornou inúteis todas as providências de Moreau para reunir os dois exércitos na planície do Pó, e sua retirada, após os brilhantes mas frustrados esforços no Trebbia, tolheu os arranjos adicionais, que o outro inclusive havia feito para lhe trazer auxílio. A inatividade do Marechal Suwarrow, no entanto, finalmente possibilitou ao general francês realizar sua união com o restante do exército de Nápoles. Moreau então concentrou toda a sua força nos Apeninos, e colocou-se em uma situação de defender as posições importantes da Ligúria, até que as chances na guerra lhe proporcionassem a oportunidade de retomar a ofensiva.

Quando, após uma batalha decisiva, um exército perde sua artilharia e equipamentos e, consequentemente, não está mais em condições de assumir a ofensiva, ou mesmo de deter a perseguição ao inimigo, parece mais adequado dividir o que sobrou em várias tropas mandando-as marchar por rotas separadas e distantes - visando o quartel de operações - e se encastelar em fortalezas. Este é o único meio de obter segurança: como o inimigo, incerto quanto à direção precisa tomada pelo exército massacrado, ignora em primeira instância que tropa é preferível perseguir, é neste momento de indecisão que uma marcha é ganha sobre ele. Além disso, os movimentos de uma pequena tropa são muito mais fáceis do que aqueles de uma tropa maior, essas linhas separadas de marcha são totalmente favoráveis ao exército que está em retirada.

MÁXIMA XIV

Entre as montanhas, por toda parte há numerosas posições extremamente fortes por natureza, as quais se deve abster de atacar. O caráter desse modo de guerra consiste em ocupar campos nos flancos ou na retaguarda do inimigo, restando-lhe apenas a alternativa de abandonar sua posição sem lutar, de assumir outra na retaguarda ou descer dela para lhe atacar. Na guerra de montanha, o atacante sempre tem a desvantagem; mesmo na guerra ofensiva em campo aberto, o grande segredo consiste em combater defensivamente e em obrigar o inimigo a atacar.

NOTA

Durante a campanha de 1793, nos Alpes Marítimos, o exército francês, sob as ordens do General Brune, fez todo o possível para tomar posse dos campos em Raus e em Fourches, atacando de frente. Mas esses esforços inúteis serviram apenas para aumentar a coragem dos piemonteses e destruir a elite dos granadeiros do exército republicano. As manobras com as quais Napoleão, sem lutar, obrigou o inimigo a evacuar essas posições em 1796, bastaram para estabelecer a verdade desse princípio e provar quanto o sucesso na guerra depende da genialidade do general assim como da coragem do soldado.

Pintura de Napoleão cruzando os Alpes, Paul Delaroche apresentou uma interpretação mais realista do evento do que o dramático Napoleão na Passagem de S. Bernardo, *de Jacques-Louis David.*

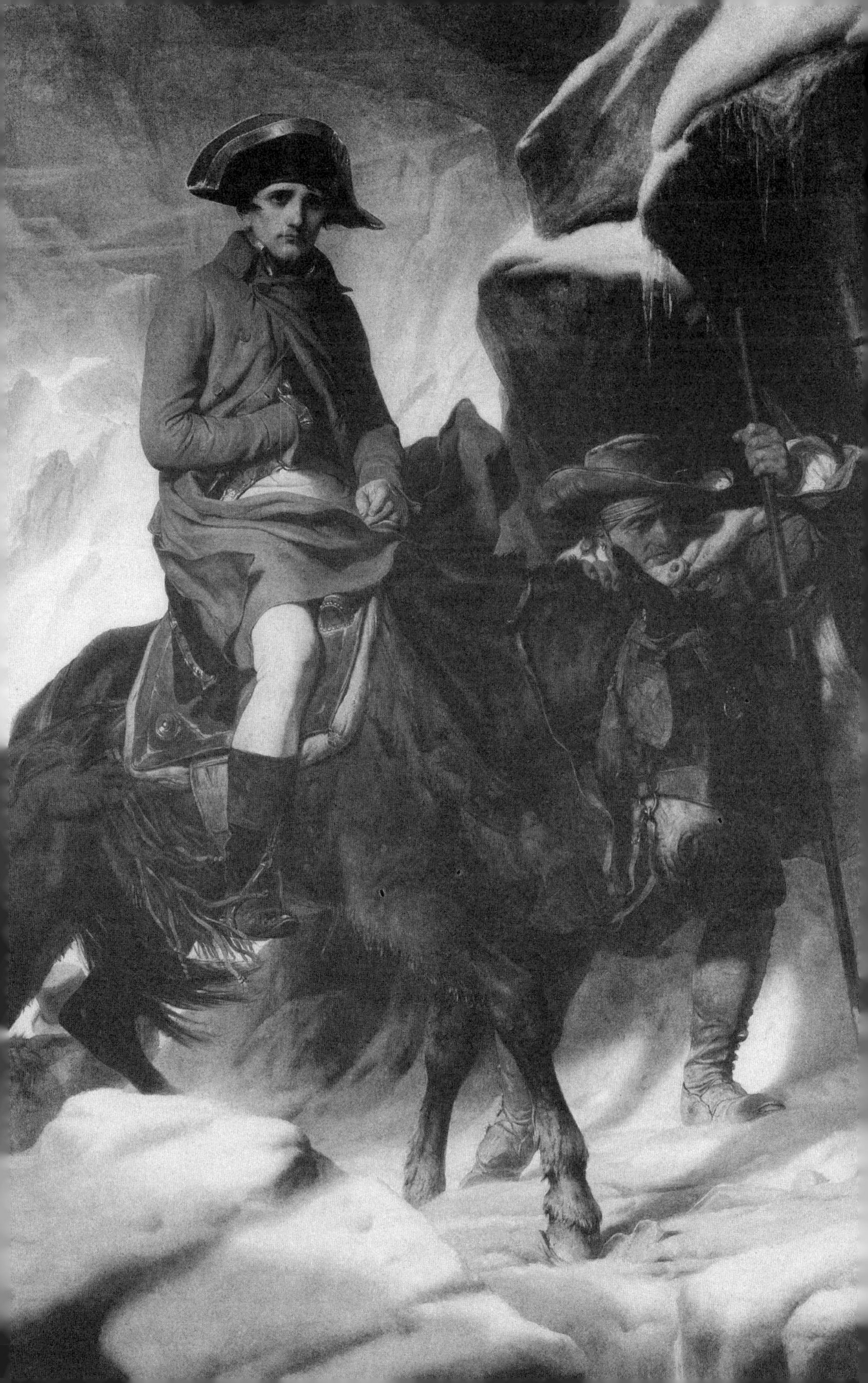

MÁXIMA XV

A primeira consideração com um general que oferece a batalha deve ser a glória e a honra de suas armas; a segurança e a preservação de seus homens vêm em seguida; mas é no empreendimento e na coragem resultante do primeiro que o segundo seguramente será encontrado. Em uma retirada, além da honra do exército, a perda de vida é constantemente maior do que em duas batalhas. Por esta razão, nós nunca devemos nos desesperar enquanto homens bravos ainda são encontrados vestindo seus brasões. É por este meio que obtemos vitória, e merecemos obtê-la.

NOTA

Em 1645, o exército francês, sob ordens do Príncipe de Condé, estava em marcha para sitiar Nördlingen quando se descobriu que o Conde Merci, que havia comandado os bávaros, previra essa intenção e se encontrava entrincheirado em uma forte posição que defendia Nördlingen ao mesmo tempo que cobria Donauwörth.

Apesar da posição favorável do inimigo, Condé ordenou o ataque. O combate foi terrível. Toda a infantaria no centro e à direita, após sucessivos combates, foi massacrada e se dispersou a despeito dos esforços da cavalaria e da reserva, que foram igualmente arrastadas com os fugitivos. A batalha foi perdida. Condé, em desespero, tendo perdido tanto o centro quanto a direita para lhe dar suporte, reuniu os remanescentes de seus batalhões e dirigiu sua marcha para a esquerda, onde Turenne ainda combatia.

Esta perseverança reanimou o ardor das tropas. Eles penetraram a ala direita do inimigo e Turenne, por uma mudança de frente, voltou ao

A segunda Batalha de Nördlingen, 3 de agosto de 1645.

ataque em seu centro. O cair da noite também favoreceu a ousadia de Condé. Uma tropa inteira de bávaros, imaginando-se isolada, baixou as armas; e a obstinação do general francês em seu esforço pela vitória foi recompensado pela posse do campo de batalha além de um grande número de prisioneiros e quase toda a artilharia inimiga. O exército bávaro bateu em retirada e no dia seguinte Nördlingen capitulou.

MÁXIMA XVI

Trata-se de uma tática de guerra já testada: nunca fazer o que o inimigo deseja que você faça, por uma única razão – que ele assim o deseja. Um campo de batalha, portanto, que ele estudou e reconheceu anteriormente, deve ser evitado e um cuidado redobrado deve ser tomado onde ele teve tempo de se fortalecer e se consolidar. Uma consequência dedutível desse princípio é nunca atacar uma posição que se pode ganhar pelo cerco.

NOTA

Foi sem a devida consideração a esse princípio que o Marechal Villeroi, ao assumir o comando do exército da Itália durante a campanha de 1701, atacou com presunção injustificável o Príncipe Eugênio de Savoia em sua posição entrincheirada de Chiari no rio Oglio. Os generais franceses, entre eles Catinat, consideraram o posto inatacável, mas Villeroi insistiu, e o resultado dessa batalha sem importância foi a perda da elite do exército francês. Teria sido ainda maior, não fosse pelas intervenções de Catinat.

Foi negligenciando o mesmo princípio que o Príncipe de Condé, na campanha de 1644, falhou em todos os seus ataques sobre uma posição entrincheirada do exército bávaro. O Conde Merci, que comandava esse último, havia habilmente montado sua cavalaria sobre a planície, alojando-se em Freiburg, enquanto sua infantaria ocupava a montanha. Após muitas tentativas infrutíferas, o Príncipe de Condé, vendo a impossibilidade de desalojar o inimigo, começou a ameaçar suas comunicações – mas, no momento em que percebeu isso, Merci levantou acampamento e se retirou para além das Montanhas Negras.

A vitória do Príncipe Eugênio de Savoia na Batalha de Chiari, em 1º de setembro de 1701, que foi em grande parte o resultado de uma manobra mal concebida pelos franceses sob o comando do Marechal Villeroi. Ansioso por uma vitória célere e decisiva, Villeroi lançou um ataque frontal nas bem entrincheiradas forças imperiais que, atirando à queima-roupa, forçaram os franceses a recuar.

MÁXIMA XVII

Em uma guerra de marchas e manobras, quando se deseja evitar uma batalha com um exército superior, é necessário voltar à trincheira todas as noites e ocupar uma boa posição defensiva. Essas posições naturais que são normalmente encontradas não são suficientes para proteger um exército contra números superiores sem recorrer à arte.

NOTA

A campanha dos exércitos francês e espanhol, comandada pelo Duque de Berwick contra os portugueses no ano de 1706, fornece uma boa lição sobre esse assunto. Os dois exércitos quase deram a volta na Espanha. Eles começaram a campanha nas proximidades de Badajoz e, após manobrar pelas duas Castelas, chegou aos reinos de Valência e Múrcia. O Duque de Berwick acampou seu exército 85 vezes e, apesar da campanha ter passado sem uma ação geral, tomou cerca de 10 mil prisioneiros do inimigo. O Marechal Turenne também fez uma admirável campanha de manobra contra Montecuccoli em 1675.

    O exército imperial, tendo feito seus acordos para passar pelo Reno em Strasbourg, obrigou Turenne a usar toda sua diligência e, lançando uma ponte sobre o rio perto do vilarejo de Ottenheim, cerca de 14 km abaixo de Strasbourg, fez cruzar o exército francês que acampou perto da pequena Vilstet, ocupando-a. Essa posição guardava a ponte de Strasbourg de modo que, por essa manobra, Turenne privou o inimigo de qualquer aproximação com a cidade.

Depois disso, Montecuccoli fez um movimento com seu exército, ameaçando a ponte em Ottenheim pela qual os franceses recebiam suas provisões do norte da Alsácia.

Assim que descobriu essa armação do inimigo, Turenne deixou um destacamento em Vilstet e fez uma rápida marcha com todas as suas forças sobre a vila de Altenheim. Essa posição intermediária entre as duas pontes, que ele queria preservar, deu a ele a vantagem de poder socorrer qualquer um desses postos antes que o inimigo tivesse tempo de tomá-los. Montecuccoli, vendo que qualquer ataque bem-sucedido sobre as pontes não era esperado, resolveu atravessar o Reno logo abaixo de Strasbourg e, assim, retornou a sua posição inicial em Offenburg. O Marechal Turenne, que acompanhou todos os movimentos do exército austríaco, também trouxe seu exército de volta para Vilstet.

Nesse meio tempo, a tentativa do inimigo de convencer o general francês do perigo ao qual sua ponte o havia exposto, levou-o para mais perto de Strasbourg para diminuir a extensão do território que ele tinha que defender.

Montecuccoli, tendo comandado os magistrados de Strasbourg para coletar materiais para uma ponte, mudou-se para Scherzheim para recebê-los; mas Turenne novamente frustrou seus projetos tomando uma posição em Freistett, onde ocupou as ilhas do Reno e imediatamente construiu uma fortificação.

Foi assim que, durante toda essa campanha, Turenne conseguiu se adiantar à iniciativa do inimigo, obrigando-o a seguir seus movimentos. E conseguiu também barrar Montecuccoli na cidade de Offenburg, de onde tirou os suprimentos e, sem dúvida, teria impedido o general austríaco de unir-se às tropas de Caprara, não tivesse um tiro de canhão tirado a vida deste grande homem.

MÁXIMA XVIII

Um general de talento mediano, ocupando uma posição ruim e surpreendido por uma força superior, busca sua segurança na retirada; mas um grande capitão supre todas as deficiências com sua coragem e marcha audaciosamente para enfrentar o ataque. Dessa maneira ele desconcerta o adversário; e, se o último demonstra qualquer falta de resolução em seus movimentos, um líder habilidoso, lucrando com sua indecisão, pode até ter esperança de vitória ou pelo menos usar o dia em manobras – à noite ele retorna à trincheira, ou recua para uma posição melhor. Por essa conduta determinada, ele mantém a honra de suas armas, a primeira essência de toda superioridade militar.

NOTA

Em 1653, o Marechal Turenne foi surpreendido pelo Príncipe de Condé, em uma posição em que seu exército estava totalmente comprometido. Ele tinha o poder, é verdade, de optar pela retirada imediata, de se cobrir pelo Somme, que tinha como cruzar na altura de Peronne e de onde ele estava distante apenas 2,5 km; mas temendo a influência desse movimento retrógrado no moral do seu exército, Turenne pesou todas as desvantagens em comparação com sua coragem e marchou ousadamente para enfrentar o inimigo com forças muito inferiores. Após marchar cerca de 5 km, descobriu uma posição vantajosa onde dispôs todas as preparações para a batalha. Eram três da tarde; mas os espanhóis, vencidos pelo cansaço, hesitaram em atacá-lo, e Turenne, que se manteve entrincheirado durante a noite, fez com que o inimigo não ousasse arriscar qualquer movimento, e levantou acampamento.

Marechal Turenne (1611-1675), foi o maior general de Luís XIV.

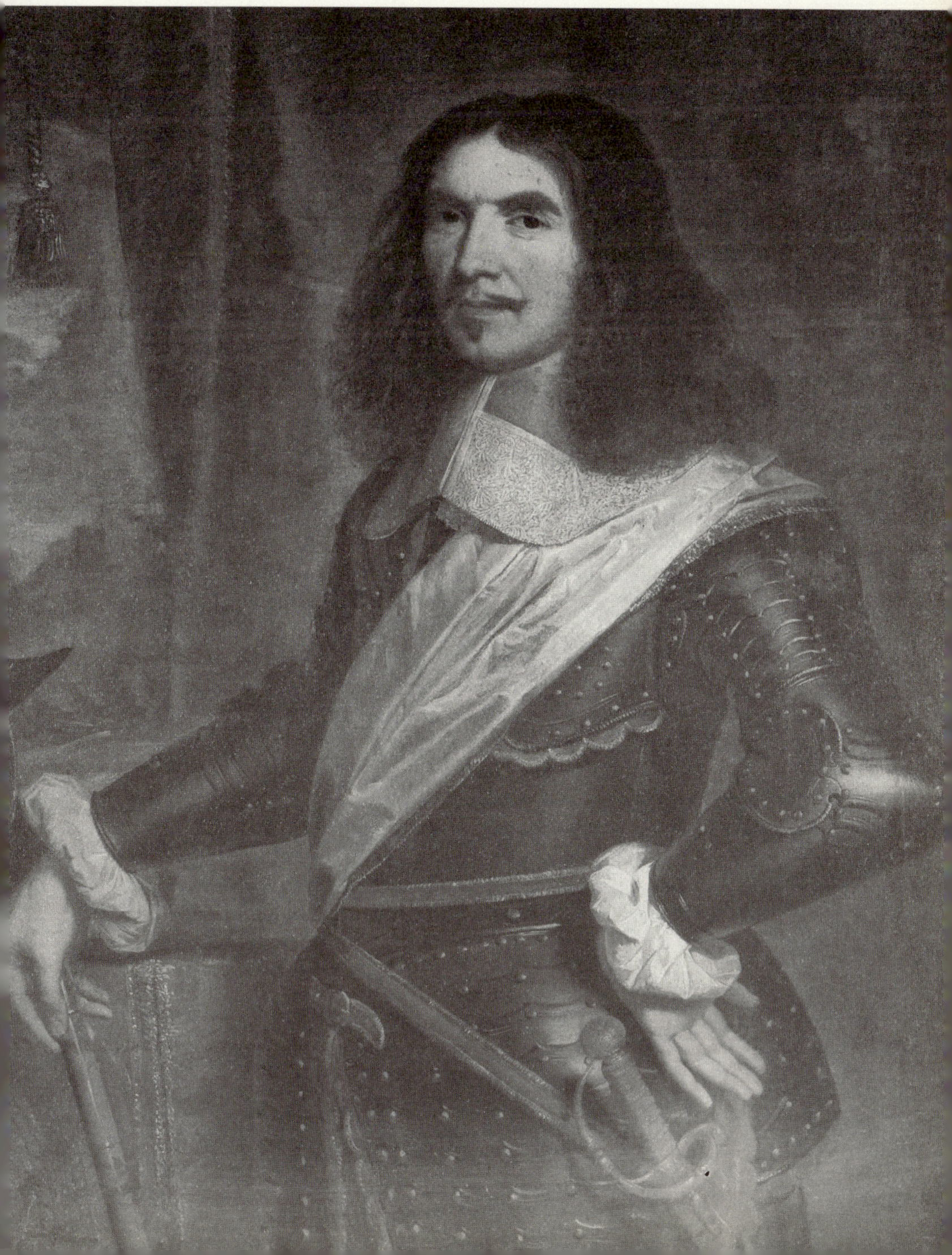

MÁXIMA XIX

A transição da postura defensiva para a ofensiva é uma das mais delicadas operações.

NOTA

Estudando a primeira campanha de Napoleão na Itália, podemos aprender que a genialidade e a audácia podem sem afetadas na passagem de um exército da defensiva para a ofensiva. O exército dos aliados, comandados pelo General Beaulieu, era provido de todos os meios que poderiam torná-lo admirável. Sua força chegou a 80 mil homens e 200 peças de canhão. O exército francês, ao contrário, dificilmente podia contar com pouco mais de 30 mil homens armados, e 30 peças de canhão. Por algum tempo, não houve notícia de carne, e até mesmo o pão era fornecido irregularmente. A infantaria estava mal vestida e a cavalaria, montada com farrapos. Todos os cavalos tinham morrido à míngua, de modo que o serviço de artilharia passou a ser executado por mulas.

Para remediar esses males, investimentos vultosos eram necessários; e tal era o estado das finanças, que o governo só tinha sido capaz de fornecer 2 mil luíses em espécie para a abertura da campanha. O exército francês não poderia existir naquele estado. Avançar ou recuar era absolutamente necessário. Ciente da vantagem de surpreender o inimigo logo no início da campanha com algum golpe decisivo, Napoleão se preparou para reconstruir o moral do seu exército.

Em uma proclamação transbordando de energia, ele lembrou a todos que uma morte vergonhosa os aguardava se continuassem na defensiva; que eles não tinham nada a esperar da França, mas tudo a esperar da vitória. "A abundância os corteja nos campos férteis da Itália", disse ele. "Vocês têm deficiência, soldados, de confiabilidade ou de coragem?".

"Eu não posso mais obedecer", disse Napoleão, "Eu provei o comando, e agora não posso mais me desfazer dele".

Aproveitando o momento de entusiasmo que havia inspirado, Napoleão concentrou suas forças de modo a depositar todo o seu peso nas diferentes tropas do inimigo. Logo depois, as batalhas de Montenotte, Millesimo e Mondovì aumentaram a autoconfiança dos soldados em função da opinião emitida pelo chefe; e aquele exército que alguns dias atrás acampava entre rochedos estéreis, e era consumido pela fome, já aspirava à conquista da Itália. Um mês depois da abertura da campanha, Napoleão tinha concluído a guerra com o Rei da Sardenha e conquistado os milaneses. Ricas bases militares logo tiraram da memória dos soldados franceses a miséria e a fadiga presentes em sua marcha rápida, enquanto uma vigilante administração dos recursos da região reorganizou o *materiel* do exército francês e criou os meios necessários para a conquista de sucessos futuros.

MÁXIMA XX

A linha de operação não deve ser abandonada; mas uma das mais astuciosas manobras de guerra é saber como alterá-la, quando as circunstâncias autorizam ou o tornam necessário. Um exército que muda habilidosamente sua linha de operação ilude o inimigo, que se torna ignorante de onde identificar sua retaguarda ou decidir em quais pontos fracos ele é vulnerável.

NOTA

Frederico às vezes alterava sua linha de operação no decorrer de uma campanha; mas ele foi capaz de fazer isso porque naquele tempo estava trabalhando no interior da Alemanha – um país abundante capaz de suprir todas as necessidades do seu exército no caso de suas comunicações com a Prússia serem interceptadas.

O Marechal Turenne, na campanha de 1746, abandonou sua linha de comunicação com os aliados sob o mesmo pretexto; mas, como Frederico, ele estava dando continuidade à guerra nesta época no interior da Alemanha, e tendo caído com a totalidade de suas forças no município de Rain, ele tomou a precaução de se pôr em segurança em um depósito sobre o qual estabeleceria sua base de operações.

Através de uma série de manobras, marcadas tanto pela audácia quanto pela genialidade, ele obrigou o exército imperial a abandonar sua guarnição e se retirar para a Áustria para os quartéis de inverno.

Mas estes são exemplos que só devem ser imitados quando se tem o completo conhecimento da capacidade do nosso adversário e, acima de tudo, quando não vemos razão para deter uma insurreição em um país para o qual transferimos o teatro da guerra.

MÁXIMA XXI

Quando um exército carrega consigo uma carga de artilharia, ou grandes comboios de doentes e feridos, não pode marchar em linhas distantes de seus armazéns.

NOTA

É importante observar esta máxima sobretudo em países montanhosos, e naqueles cobertos por bosques e pântanos; pois, com os comboios e meios de transporte frequentemente atrapalhados em desfiladeiros, as tropas podem ser facilmente dispersadas por uma manobra do inimigo que pode até realizar um ataque bem-sucedido sobre todo o exército, quando ele é obrigado, devido à natureza da região, a marchar em colunas extensas.

MÁXIMA XXII

A arte de acampar em posição é a mesma de formar uma linha para realizar uma batalha pela defesa da posição. Para este fim, a artilharia deve estar vantajosamente posicionada, o território deve ser selecionado para que não seja dominado nem propenso a ser cercado e, tanto quanto possível, as armas devem cobrir e comandar as cercanias.

NOTA

Frederico comentou que um modo de se assegurar que seu campo está bem assentado é verificar se, fazendo um pequeno movimento, pode-se obrigar o inimigo a fazer um maior; ou se depois de tê-lo forçado a desfazer um movimento pode-se obrigá-lo a voltar ainda mais.

Na guerra defensiva, todos os acampamentos devem ter trincheiras no fronte e nas alas da posição que ocupam e cuidados devem ser tomados para que a retaguarda seja mantida perfeitamente aberta. Se pairar a ameaça de sofrer um revés, providências devem ser tomadas de antemão para assumir uma posição mais distante; e se deve lucrar com qualquer desordem na linha de marcha do inimigo, numa tentativa de reivindicar sua artilharia ou sua carga.

MÁXIMA XXIII

Quando se ocupa uma posição que o inimigo ameaça cercar, reúna todas as suas forças imediatamente e assuste-o com um movimento ofensivo. Com essa manobra, será possível impedi-lo de se separar e incomodar seus flancos caso se julgue necessário bater em retirada.

NOTA

Esta foi a manobra posta em prática pelo General Desaix, em 1798, próximo a Radstadt. Ele compensou a inferioridade numérica com sua audácia, e se manteve por um dia inteiro em seu posto a despeito dos vigorosos ataques do Arquiduque Carlos. Durante a noite, ele efetuou sua retirada em ordem e adotou um posto mais afastado.

Foi também de acordo com esse princípio, na mesma campanha, que o General Moreau batalhou em Biberach para assegurar sua retirada pelas passagens das Montanhas Negras. Alguns dias depois, ele lutou em Schliengen com o mesmo objetivo. Colocado em boa posição defensiva, ameaçou o Arquiduque Carlos com uma repentina mudança para a ofensiva, enquanto sua artilharia e carga estavam realizando a passagem do Reno pela ponte de Hüningen e ele estava fazendo todos os arranjos necessários para se retirar ele próprio para além daquele rio.

Aqui, contudo, é interessante observar que a execução de tais demonstrações ofensivas deve ser postergada sempre em direção ao cair da noite, de modo a não se ver comprometido por se engajar muito cedo em um combate que não se pode sustentar com sucesso.

A noite, e a incerteza do inimigo após um episódio desse tipo, sempre favorecerá a retirada, se for julgada necessária; mas, tendo em vista o mascaramento da operação com mais eficiência, fogos devem ser acesos em toda a extensão das linhas para enganar o inimigo e impedir que ele descubra esse movimento retrógrado, pois na retirada é uma grande vantagem sair em marcha adiantada em relação ao adversário.

MÁXIMA XXIV

Nunca perca de vista esta máxima: estabelecer suas bases nos pontos mais distantes e melhor protegidos do inimigo, especialmente onde existe a possibilidade de uma surpresa. Assim, haverá tempo suficiente para reunir todas as forças antes que o adversário ataque.

NOTA

Na campanha de 1745, o Marechal Turenne perdeu a Batalha de Marienthal negligenciando este princípio; porque se, em vez de reunificar suas divisões em Erbsthausen, ele tivesse congregado suas tropas em Mergentheim, atrás do Tauber, seu exército teria se reunido mais rapidamente; e o Conde Merci, no lugar de ter encontrado apenas três mil homens dispostos a lutar em Erbsthausen (dos quais dispunha informação), teria encontrado o exército francês para atacar em uma posição protegida por um rio.

Alguém indiscretamente perguntou a Turenne como ele havia perdido a Batalha de Marienthal: "Por minha própria culpa", replicou o marechal. "Mas quando o homem não comete faltas na guerra, ele apenas pode tê-la combatido por pouco tempo."

MÁXIMA XXV

Quando dois exércitos estão prontos para lutar, e um tem que se retirar por sobre uma ponte, enquanto o outro abre sua circunferência e a expõe, todas as vantagens são favoráveis ao segundo. É quando um general deve demonstrar ousadia, desferir um golpe decidido, e manobrar sobre o flanco do seu inimigo. A vitória está em suas mãos.

NOTA

Era essa a posição do exército francês na famosa Batalha de Leipzig, que concluiu a campanha de 1813 com tanta fatalidade para Napoleão; pois a Batalha de Hanau teve pouca consequência, comparativamente, para a desesperada situação daquele exército.

Num cenário desses, um general nunca deve calcular contando com quaisquer probabilidades de sorte que possam surgir de um retorno à ofensiva, mais adequado é apoiar preferencialmente todos os meios possíveis para assegurar sua retirada. De acordo com essa visão, ele deve imediatamente dispor de cobertura com boas trincheiras para poder repelir com grupos numericamente inferiores o ataque inimigo, enquanto seus próprios equipamentos cruzam o rio. Tão logo atinjam o lado oposto, as tropas devem ocupar posições que protejam a passagem da retaguarda, e esta última deve ser coberta por uma *tête de pont* (posição provisória ocupada por uma força militar em território inimigo, do outro lado de um rio, tendo em vista um posterior avanço ou desembarque) assim que o exército levantar o acampamento.

Durante as guerras da Revolução, muito pouca consideração era conferida às trincheiras; e é por esse motivo que nós temos visto grandes exércitos dispersados após um único revés, e o destino de nações comprometido pelo resultado de uma batalha.

MÁXIMA XXVI

É contrário a todo princípio verdadeiro fazer com que tropas que não têm comunicação entre si atuem separadamente contra uma força central cujas comunicações estão fragmentadas.

NOTA

Os austríacos perderam a Batalha de Hohenlinden negligenciando esse princípio. O exército imperial, sob as ordens do Arquiduque João, se dividiu em 4 colunas que tinham que marchar através de uma imensa floresta, antes de se reunirem na planície de Anzing, onde tinham a intenção de surpreender os franceses. Mas essas tropas distintas, não tendo comunicação direta, se viram obrigadas a encarar separadamente um inimigo que havia tomado a precaução de concentrar suas massas, e que podia movê-las com facilidade em um país com o qual já estava longamente familiarizado.

Assim, o exército austríaco, confinado nos desfiladeiros da floresta com toda a sua caravana de artilharia e cargas, foi atacado em seus flancos e na retaguarda, e o Arquiduque João só teve a possibilidade de reunir suas divisões dispersas e desintegradas durante a noite.

Os troféus obtidos pelo exército francês nesse dia foram imensos. Somaram 11 mil prisioneiros, 100 peças de canhão, várias bandeiras e toda a carga do inimigo.

A Batalha de Hohenlinden decidiu o resultado da campanha de 1800, e o brilhante e meritocrático sucesso de Moreau o fez ascender ao posto do maior general da sua época.

Na Batalha de Hohenlinden, em 3 de dezembro de 1800, o exército francês, liderado por Jean Victor Marie Moreau (representado no cavalo de cor ocre), dizimou os austríacos e os bávaros, liderados pelo Arquiduque João da Áustria.

MÁXIMA XXVI

MÁXIMA XXVII

Quando um exército é obrigado a deixar sua posição inicial, as colunas que recuam sempre devem subir suficientemente na retaguarda de modo a impedir qualquer interrupção do inimigo. O maior desastre que pode ocorrer é quando as colunas são atacadas antes da sua reunião.

NOTA

Uma grande vantagem que resulta de reunir suas colunas em um ponto muito distante do campo de batalha, ou a partir de uma posição previamente ocupada, é que o inimigo não tem certeza quanto à direção se pretende tomar.

Se divide suas forças para persegui-lo, ele se expõe à possibilidade de seus destacamentos serem derrotados, especialmente se toda a diligência necessária foi exercida e a junção das suas tropas em tempo suficiente foi efetuada para ficar entre suas colunas e dispersá-las uma após a outra.

Foi com uma manobra desse tipo na campanha da Itália, em 1799, que o General Melas ganhou a Batalha de Genola.

O General Championnet comandava o exército francês e se empenhou em fragmentar a comunicação dos austríacos com Turim, empregando tropas que manobravam separadamente para atingir sua retaguarda. Melas, que adivinhou esse plano, fez uma marcha retrógrada pela qual persuadiu seu adversário de que estava em completa retirada, embora o objetivo real do seu movimento fosse concentrar suas forças no ponto fixado para a junção dos diferentes destacamentos do exército francês, os quais ele derrotou e dispersou, um após o outro, por sua grande superioridade numérica. O resultado dessa manobra, na qual o general austríaco demonstrou vigor, decisão e clarividência, assegurou-lhe a posse pacífica do Piemonte.

Foi também por negligenciar esse princípio que o General Beaulieu, que comandou o exército austro-sardenho na campanha de 1796, perdeu a Batalha de Millesimo depois da de Montenotte.

Seu objetivo, ao tentar mobilizar suas diferentes tropas nas proximidades de Millesimo, era cobrir as rodovias de Turim e Milão; mas Napoleão, ciente das vantagens advindas do entusiasmo das tropas encorajadas pelo sucesso recente, atacou-o antes que ele pudesse reunir suas divisões e, por uma série de manobras habilidosas, conseguiu separar os exércitos combinados. Eles se retiraram em grande desordem – um pela estrada de Milão, e outro pela de Turim.

Napoleão teve uma vitória tática na Batalha de Borodino em 7 de setembro de 1812, forçando o exército russo a recuar. Mas seu fracasso em vencer decisivamente foi um fator crítico na derrota da invasão francesa no final daquele ano.

MÁXIMA XXVIII

Nenhuma força deve se destacar na véspera de uma batalha porque as configurações podem se alterar durante a noite, tanto devido à retirada do inimigo quanto pela chegada de grandes reforços que o possibilitem retomar a ofensiva, e contrapor seus antigos planejamentos.

NOTA

Em 1796, o Exército do Sambre et Meuse, comandado pelo General Jourdan, efetuou uma retirada que se tornou ainda mais difícil com a perda da sua linha de comunicação. Vendo, contudo, que as forças do Arquiduque Carlos estavam pulverizadas, Jourdan, de modo a finalizar sua retirada até Frankfurt, resolveu desbravar um caminho através de Würzburg, onde haviam naquele momento apenas duas divisões do exército austríaco. Esse movimento teria sido recebido com sucesso, se o general francês, acreditando que teria apenas duas divisões que reaver na contenda, não tivesse cometido o equívoco de se separar das tropas de Lefebvre – as quais ele deixou em Schweinfurt para dar cobertura à única forma de comunicação direta do exército com sua base de operação.

A logística dessa falha desde a partida se somou a uma certa lentidão na marcha do general francês, e assegurou a vitória ao arquiduque, que se apressou em concentrar suas forças.

Durante a batalha, com a chegada das divisões de Kray e Warstenleben, foi possível opor 50 mil homens ao exército francês, que escassamente excedia os 30 mil combatentes. É evidente que esse último foi derrotado e obrigado a continuar sua retirada pelas montanhas de Fulda, onde o estado precário das antigas estradas apenas se igualava à dificuldade da região.

Os austríacos eram os mais consistentes inimigos de Napoleão, provando serem de fato resilientes. O exército austríaco era composto por soldados de muitos países que formavam o Império Habsburgo como Áustria, Tchecoslováquia, Wallonia, Polônia, Croácia, Sérvia e Hungria.

A divisão de Lefebvre, que somava 14 mil homens, teria, com toda a probabilidade, virado a balança a favor de Jourdan, se este não tivesse infelizmente concebido que apenas duas divisões se opusessem à sua passagem para Würzburg.

MÁXIMA XXIX

Quando resolver enfrentar uma batalha, reúna todas as suas forças. Não dispense nada. Às vezes, um único batalhão decide o dia.

NOTA

Atenção! Antes da batalha é prudente fixar algum posto na retaguarda das reservas para a reunião dos diferentes destacamentos; pois, em circunstâncias inesperadas, esses destacamentos podem ser impedidos de se juntar antes da largada da ação, e podem ser expostos, no caso de um movimento retrógrado ser considerado necessário para as massas inimigas. É desejável também manter o inimigo na ignorância desses reforços de modo a empregá-los com mais efeito. "Um reforço oportuno", diz Frederico, "garante o sucesso de uma batalha, porque o inimigo sempre o imaginará mais forte do que realmente é, e portanto perderá a coragem."

Pintura vibrante de Édouard Detaille do ataque da cavalaria dos 4º Hussardos, na Batalha de Friedland, em 14 de junho de 1807. Ilustra as táticas ousadas empregadas por exércitos na Era de Napoleão. Ataques e invasões de cavalaria tornaram-se menos comuns ao longo do século XIX, uma vez que a tecnologia melhorou a precisão e a taxa de disparos das armas de fogo.

Máxima XXIX

MÁXIMA XXX

Nada é tão precipitado ou tão contrário aos princípios como fazer um flanco marchar diante de um exército em posição, especialmente quando esse exército ocupa terrenos superiores ao pé dos quais você é forçado a profanar.

NOTA

Foi negligenciando esse princípio que Frederico foi derrotado em Kolín na primeira campanha de 1757. A despeito de serem prodígios da audácia, os prussianos perderam 15 mil homens e uma grande parte de sua artilharia, enquanto a perda dos austríacos não excedeu 5 mil homens. A consequência dessa batalha foi ainda mais desafortunada, já que obrigou o Rei da Prússia a desistir do cerco a Praga, e a evacuar a Boêmia.

Também foi por fazer um flanco marchar diante do exército prussiano que os franceses perderam a deplorável Batalha de Rosbach.

Esse movimento imprudente foi ainda mais repreensível porque o Príncipe de Soubise, que comandou o exército francês, cometeu o deslize de manobrar, sem uma guarda avançada e corporações de flanco, diante da presença do inimigo. O resultado foi que seu exército, composto de 50 mil homens, foi derrotado por 6 batalhões e 30 esquadrões. Os franceses perderam 7 mil homens, 27 bandeiras e um grande número de canhões. Os prussianos tiveram apenas 300 mil homens incapacitados.

Assim, tendo preterido esse princípio, de que a marcha pelo flanco nunca deve ser feita diante de um inimigo na linha de batalha, que Frederico perdeu seu exército em Kolín; e Soubise, em Rosbach, perdeu tanto seu exército quanto sua honra.

MÁXIMA XXXI

Quando você decide arriscar uma batalha, reserve para si mesmo todas as chances de sucesso possíveis, mais particularmente se tiver que lidar com um adversário de talento superior; pois, se for derrotado, mesmo em meio a seus depósitos e comunicações, as vaias vão para os vencidos!

NOTA

"Nós devemos fazer a guerra", diz o Marechal Saxe, "sem deixar nada para o acaso, e nisso especialmente consiste o talento do general. Mas, quando incorremos no risco da batalha, devemos saber como lucrar com a vitória e não meramente nos contentar, de acordo com o costume, com o domínio do campo".

Não sabendo aproveitar o primeiro sucesso, o exército austríaco, depois de ganhar o campo de Marengo, viu-se obrigado a deixar a Itália no dia seguinte.

O General Melas, observando os franceses em retirada, entregou a direção dos movimentos do seu exército ao chefe de sua equipe e se recolheu a Alexandria para descansar. O Coronel Zach, convencido de que os franceses e seu exército estavam completamente quebrados e eram apenas fugitivos, formou as divisões em colunas de marcha.

Por esse acordo, o exército imperial se preparou para entrar em marcha vitoriosa com uma formação de não menos que 5 km de comprimento.

Perto das quatro horas da tarde, o General Desaix chegou com sua divisão e juntou-se ao exército francês. Sua presença restabeleceu de certo modo a igualdade entre as forças combatentes. Napoleão, no entanto, hesitou por um momento em retomar a ofensiva ou fazer uso de suas tropas para assegurar sua retirada.

O desejo das tropas de voltar ao ataque resolveu sua indecisão. Ele cavalgou rapidamente ao longo do fronte de suas divisões, e se dirigiu aos soldadoss: "Já fomos longe o suficiente por hoje", disse ele. "Vocês sabem que eu sempre durmo no campo de batalha!"

O exército, em exclamação unânime, prometeu a ele uma vitória. Napoleão então reassumiu a ofensiva. A guarda avançada austríaca, aterrorizada com a visão de um corpo formidável e inteiro se apresentando repentinamente em um ponto onde, momentos antes, só havia fugitivos, espalhou a notícia com pânico, levando a desordem às massa de suas colunas. Atacado imediatamente com impetuosidade em seu fronte e nos flancos, o exército austríaco foi completamente derrotado.

O Marechal Daun experimentou praticamente o mesmo destino que o General Melas, na Batalha de Torgau, na campanha de 1760.

A posição do exército austríaco era excelente. Ela tinha sua esquerda sobre Torgau, sua direita no platô de Siptitz, e seu fronte coberto por um grande espelho d'água.

Frederico propôs virar sua direita de modo a realizar um ataque sobre a retaguarda. Para isso, dividiu seu exército em duas tropas, a primeira sob ordens de Ziethen, com instruções de atacar no fronte, seguindo a margem da água; e a outra sob seu comando imediato, com a qual ele partiu para contornar a direita dos austríacos. Mas o Marechal Daun, tendo sido intimado quanto aos movimentos do inimigo, mudou seu fronte por uma contramarcha e assim foi capaz de repelir os ataques de Frederico, a quem ele obrigou a recuar. As duas tropas do exército prussiano tinham agido sem comunicações. Ziethen, no entanto, ouvindo os tiros diminuírem, concluiu que o rei tinha sido vencido e iniciou um movimento pela esquerda de modo a se juntar a ele; mas, com dois batalhões de reserva, o general prussiano aproveitou-se desse reforço para retomar a ofensiva.

Consequentemente, ele renovou o ataque com vigor, tomou posse do planalto de Siptitz e logo em seguida da totalidade do campo de batalha. O sol havia se posto quando o Rei da Prússia recebeu notícias de

Frederico, o Grande, e o General von Ziethen a caminho da Batalha de Torgau, que foi travada em 3 de novembro de 1760.

sua inesperada boa sorte. Ele retornou imediatamente, aproveitando a vantagem da noite para restaurar a ordem em seu desorganizado exército e, no dia seguinte da batalha, ocupou Torgau.

O Marechal Daun recebia congratulações por sua vitória quando soube que os prussianos haviam retomado a ofensiva. Imediatamente, ele comandou a retirada e, com o romper do dia, os austríacos retornaram ao Elba com a perda de 12 mil homens, 8 mil prisioneiros e 45 peças de canhão.

Após a Batalha de Marengo, o General Melas, mesmo que no seio de suas fortalezas e depósitos, viu-se obrigado a abandonar tudo para salvar seu exército da ruína.

O General Mack capitulou após a batalha de Ulm, mesmo estando no centro de seu próprio país.

Os prussianos, a despeito de seus depósitos e reservas, foram obrigados, após a Batalha de Jena, como os franceses após a de Waterloo, a depor suas armas.

Assim, podemos concluir que a desgraça resultante da perda de uma batalha não consiste tanto na destruição dos homens e do *materiel* como no desencorajamento que se segue a esse desastre. A coragem e a confiança dos vitoriosos aumenta na proporção inversa à dos conquistados; e quaisquer que sejam os recursos de um exército, será revelado que uma retirada se transforma rapidamente em uma derrota, a menos que o comandante-geral tenha sucesso, combinando ousadia com astúcia, e perseverança com firmeza, restaurando o moral do seu exército.

MÁXIMA XXXII

O dever de uma guarda avançada não consiste em promover avanços ou bater em retirada, mas nas manobras. Uma guarda avançada deve ser composta de cavalarias leves apoiadas por uma reserva de cavalaria pesada, e por batalhões de infantaria também apoiados pela artilharia. Uma guarda avançada deve consistir de tropas selecionadas, e os chefes, oficiais e soldados devem ser escolhidos por suas respectivas habilidades e conhecimentos. Uma corporação com uma instrução deficiente é apenas um obstáculo para uma guarda avançada.

NOTA

Era a opinião de Frederico que uma guarda avançada deveria ser composta de destacamentos de todos os tipos de armas. O comandante deve possuir habilidade na escolha do território e deve ter o cuidado de ser instantaneamente informado, por meio de numerosas patrulhas, de tudo que se passa no campo inimigo.

    Na guerra não é a função de uma guarda avançada lutar, mas observar o inimigo de modo a cobrir os movimentos do exército. Quando em uma perseguição, a guarda avançada deve atacar vigorosamente e fragmentar as cargas e tropas ilhadas do exército em retirada. Por este motivo, deve ser reforçada com toda a cavalaria leve excedente do exército.

MÁXIMA XXXIII

É contrário aos códigos de guerra permitir que peças ou baterias de artilharia entrem em um desfiladeiro, a menos que você controle a outra extremidade. Em caso de retirada, as armas atrapalharão os movimentos e serão perdidas. Elas devem ser mantidas em posição, sob escolta suficiente, até que você se torne o senhor da passagem.

NOTA

Nada constrange e atrapalha mais a marcha de um exército do que a quantidade de bagagem. Na campanha de 1796, Napoleão abandonou sua artilharia móvel no interior das muralhas de Mântua, após disparar as armas e destruir as carruagens. Com esse sacrifício, ele ganhou a facilidade de manobrar rapidamente seu pequeno exército, e obteve a iniciativa assim como a superioridade geral sobre as numerosas – mas divididas – forças do Marechal Wurmser.

Em 1799, durante sua retirada na Itália, o General Moreau, vendo-se obrigado a manobrar na sinuosidade das montanhas, preferiu se livrar inteiramente da sua artilharia de reserva, que ele levava para a França pelo Coronel de Fenestrelle, em vez de prejudicar sua marcha com essa parte do seu equipamento.

São exemplos como esses que devemos seguir. Isso porque se, pela rapidez da marcha e uma facilidade de concentração em pontos decisivos, a vitória é obtida, o *materiel* de um exército é logo restabelecido. Mas se, por outro lado, perdemos e somos obrigados a nos retirar, será difícil salvar nossos equipamentos, e podemos ter motivo para nos congratular se os abandonamos a tempo de impedir que eles aumentem os troféus do inimigo.

MÁXIMA XXXIV

Deve ser estabelecido como princípio nunca deixar intervalos por onde o inimigo possa penetrar entre as tropas formadas em ordem de batalha, a menos que seja para atrai-lo para uma emboscada.

NOTA

Na campanha de 1757, o Príncipe de Lorena, que estava dando cobertura a Praga com o exército austríaco, percebeu os prussianos ameaçando, com um movimento de flanco, contornar sua direita. Imediatamente ele ordenou uma mudança parcial do fronte fazendo voltar a infantaria dessa ala, de modo a formar um ângulo reto com o restante da linha. Mas essa manobra executada na presença do inimigo não foi realizada sem alguma desordem. As cabeças de coluna marcharam muito rapidamente fazendo com que a retaguarda se prolongasse e, quando a linha foi formada à direita, um grande intervalo apareceu no ângulo saliente. Frederico, observando esse erro, apressou-se em tirar vantagem dele. E fez com que sua tropa central, comandada pelo Duque de Bevern, se lançasse por essa abertura e, com essa manobra, decidiu o resultado da batalha.

O Príncipe de Lorena retornou a Praga, derrotado e perseguido, com a perda de 16 mil homens e 200 peças de canhão.

Deve ser observado ao mesmo tempo que essa operação de jogar uma tropa nos intervalos deixados por um exército no transcorrer da batalha nunca deve ser tentada a menos que as forças estejam, no mínimo, equalizadas entre os exércitos, e que haja uma oportunidade de golpear o flanco do inimigo de um lado ou de outro; pois só então se poderá esperar dividir seu exército no centro, ilhando totalmente suas alas. Se estiver em número inferior, você corre o risco de ser detido pelos reveses e sobrepujado pelas alas do inimigo, que poderão recair sobre seus flancos, cercando-os.

Máxima XXXIV

Por esta manobra que o Duque de Berwick ganhou a Batalha de Almanza no ano 1707, na Espanha.

O exército anglo-português, sob o comando de Lorde Galloway, foi investir contra Villena. O Marechal Berwick, que comandava os exércitos francês e espanhol, deixou seu acampamento em Montalegre e se mudou para essa cidade para levantar o cerco. Com esta atitude, o general inglês, ansioso por lutar uma batalha, avançou para encontrá-lo nas planícies de Almanza. O fato foi muito duvidoso. Quebrada a primeira linha comandada pelo Duque de Popoli, o cavaleiro de Asfeldt, que tinha controle da segunda, parou suas massas com grandes intervalos entre elas; e quando os ingleses, que estavam perseguindo a primeira linha, alcançaram essas reservas, aproveitou-se da desordem para atacá-las pelos flancos e as derrotou completamente.

O Marechal Berwick, percebendo o sucesso dessa manobra, abriu completamente o seu fronte e, recaindo sobre os flancos inimigos, enquanto a reserva sustentava o ataque no fronte e a cavalaria manobrava em sua retaguarda, obteve uma vitória completa.

O Lorde Galloway, ferido e perseguido, reuniu com dificuldade o que restou de seu exército e se abrigou com ele em Tortosa.

Batalha de Almanza, em 25 de abril de 1707. A infantaria do Marechal Berwick foi flanqueada em ambos os lados pela cavalaria. Quando atacou o centro da defesa de Berwick, o inimigo desferiu sua cavalaria contra suas linhas e os derrotou.

MÁXIMA XXXV

Acampamentos do mesmo exército devem sempre ser formados de modo a proteger uns aos outros.

NOTA

Na batalha de Dresden, na campanha de 1813, o acampamento dos aliados, apesar de vantajosamente colocado nas alturas da margem esquerda do Elba, tinha um grande defeito por estar atravessado longitudinalmente por um abismo profundo, que separava completamente a ala esquerda do centro e da direita. Essa disposição viciada não escapou do olhar perceptivo de Napoleão que, no mesmo instante, levou a totalidade de sua cavalaria e duas tropas de infantaria contra a ala ilhada, atacou-a com um número superior de homens, dominou-a e tomou 10 mil prisioneiros antes que fosse possível correr em seu auxílio.

Apesar de ser superado em números, Napoleão triunfou na Batalha de Dresden.

MÁXIMA XXXVI

Quando o exército inimigo é coberto por um rio, sobre o qual ele controla diversas cabeças de ponte não ataque de frente. Isso dividiria suas forças e o exporia a uma virada. Aproxime-se do rio em um escalão de colunas, de tal modo que a coluna principal possa ser a única a sofrer ataque inimigo, sem lhe oferecer o seu flanco. Nesse meio tempo, deixe suas tropas leves ocuparem o banco e, quando tiver se decidido sobre o ponto de passagem, corra e atravesse a ponte. Observe que o ponto de passagem deve sempre estar a distância do escalão de liderança, de modo a iludir o inimigo.

NOTA

Se você ocupar uma cidade ou vilarejo na margem de um rio, oposta àquela controlada pelo inimigo, é uma vantagem fazer deste local o ponto de travessia, porque é mais fácil dar cobertura a suas carruagens e artilharia de reserva, assim como mascarar a construção da sua ponte, em um vilarejo do que em uma região aberta. Também é uma grande vantagem ultrapassar um rio em frente a uma vila, quando esta é debilmente ocupada pelo inimigo, porque logo que a guarda avançada chega ao outro lado, ela pode varrer esse ponto, fazer um alojamento e, erguendo algumas obras defensivas, convertê-lo facilmente em uma cabeça de ponte. Desse modo, o restante do exército pode efetuar a passagem com facilidade.

MÁXIMA XXXVII

A partir do momento em que se torna senhor de uma posição que comanda a margem oposta, você obtém algumas facilidades para efetuar a passagem do rio; principalmente se essa posição é extensa o bastante para estacionar sobre ela uma artilharia massiva. Essa vantagem diminui se o rio tem mais de 600 metros de largura, porque se a distância está fora do alcance do gancho de um arpão, torna fácil para as tropas que defendem a passagem bloquear a margem e se proteger. Desse modo é verdade que, se os bombardeiros ordenados a atravessar o rio para proteger uma ponte alcançassem o outro lado, seriam destruídos pelo fogo inimigo; porque sua artilharia, colocada a cerca de 400 metros do desembarque, é capaz de um efeito destrutivo, apesar de removidas por cerca de 1 km das forças de artilharia que tentam cruzar. Deste modo, a vantagem da artilharia seria exclusivamente do inimigo. Pela mesma razão, a passagem é impraticável a menos que você consiga surpreender o inimigo e seja protegido por uma ilha intermediária ou, a menos que seja capaz de tirar vantagem de um ângulo no rio, estabelecer um fogo cruzado sobre suas instalações. Nesse caso, a ilha ou o ângulo forma um *tête de pont* natural e dá a vantagem da artilharia para o exército atacante.

A Batalha de Lodi exigiu que a cavalaria de Napoleão cruzasse o Rio Adda. Esta pintura demonstra o contra-ataque austríaco, que ameaçou empurrar as forças francesas.

Quando um rio tem menos que 120 metros de largura, e você tem um posto na outra margem, as tropas que são lançadas do outro lado derivam suas vantagens da proteção da sua artilharia que, por menor que seja o ângulo, seja impossível para o inimigo impedir a instalação de uma ponte. Nesse caso, os generais mais hábeis, ao descobrir o projeto de seus adversários e trazer seu próprio exército ao ponto de travessia, geralmente se contentam em se opor à passagem da ponte formando um semicírculo em torno de sua extremidade, como em volta da abertura de um desfiladeiro, e recuando à distância de cerca de 800 metros dos disparos do lado oposto.

NOTA

Frederico observa que "a travessia de grandes rios com a presença do inimigo é uma das mais delicadas operações de guerra." O sucesso nessas ocasiões depende da discrição, da rapidez das manobras, e da execução pontual das ordens dadas para os movimentos de cada divisão. Para ultrapassar tal obstáculo na presença de um inimigo, e sem o seu conhecimento, é necessário não apenas que as disposições prévias sejam bem concebidas, mas que sejam executadas sem confusão.

Na campanha de 1705, o Príncipe Eugênio de Savoia, desejando vir em auxílio do Príncipe do Piemonte, buscou um posto favorável para forçar a passagem do Adda, defendido na época pelo exército francês sob o comando do Duque de Vendôme.

Depois de ter escolhido uma situação vantajosa, o Príncipe Eugenio ergueu uma bateria com 20 peças de canhão em uma posição que dominava toda a extensão da margem oposta, e cobriu sua infantaria com uma linha de paralelas entrincheiradas construídas na encosta do declive.

Eles trabalhavam vigorosamente na ponte, quando o Duque de Vendôme apareceu com todo o seu exército. No começo, ele parecia determinado a se opor à sua construção, mas depois de ter examinado a posição do Príncipe Eugênio, ele julgou que isto era impraticável.

Ele então posicionou seu exército fora do alcance da artilharia do príncipe, apoiando ambas as alas sobre o rio de modo a formar um arco, do qual o Adda seria um cabo. Ele então entrou em cobertura com trincheiras e obstáculos fincados na terra (*abattis*), e foi assim capaz de atacar as colunas inimigas sempre que desembarcassem da ponte, derrotando-as.

Eugênio, tendo feito reconhecimento da posição do francês, considerou a passagem impossível. Ele então retirou a ponte e levantou acampamento durante a noite.

Foi também por essa manobra que, na campanha de 1809, o Arquiduque Carlos obrigou os franceses a reocupar a ilha de Lobau, depois de ter desbancado na margem esquerda do Danúbio. A marcha do Arquiduque Carlos foi inteiramente concêntrica. Ele ameaçou Gros-Aspern com sua direita, Esling com seu centro, e Enzensdorf com sua esquerda.

Seu exército, com as duas alas apoiadas no Danúbio, formava um semicírculo ao redor de Esling. Napoleão imediatamente atacou e rompeu o centro dos austríacos; mas, após ter forçado sua primeira linha, viu-se preso pelas reservas. Enquanto isso, as pontes sobre o Danúbio haviam sido destruídas, e várias de suas tropas, com seus campos de artilharia, ainda estava na margem direita. Essa decepção, em conjunto com a posição favorável dos austríacos, fez Napoleão decidir pela reentrada da ilha de Lobau, onde anteriormente ele havia construído uma linha de obras campais para lhe dar todas as vantagens de um campo bem guarnecido.

MÁXIMA XXXVIII

É difícil impedir um inimigo provido de botes de cruzar um rio. Quando o objetivo de um exército que defende a passagem é dar cobertura a um cerco, o momento que o general constata a incapacidade de se opor à passagem deve ser quando ele toma medidas para chegar antes do inimigo, em uma posição intermediária entre o rio que está a defender e o lugar que deseja cobrir.

NOTA

Aqui podemos observar que essa posição intermediária deve ser reconhecida, ou melhor, previamente bem guarnecida de trincheiras; pois o inimigo será incapaz de realizar um movimento ofensivo contra as tropas empregadas no cerco até que ele tenha derrotado o exército de observação; e esse último, protegido pelo acampamento, pode sempre esperar uma oportunidade favorável para atacar no flanco ou na retaguarda.

Além disso, o exército entrincheirado desta maneira tem a vantagem de estar concentrado; enquanto o do inimigo deve agir por destacamentos, se ele quiser dar cobertura à sua ponte, e observar os movimentos dos sentinelas, de modo a permitir que ele ataque as tropas invasoras em suas linhas sem ser exposto a uma tentativa em sua retaguarda ou ser ameaçado com a perda da ponte.

Preparação para a Batalha de Essling em 1809. Napoleão ordenou a construção de uma ponte sobre o Rio Danúbio em Ebersdorf, próximo a Viena, para a ilha de Lobau. Como o imenso Danúbio estava transbordando de neve derretida, foi necessário um grande trabalho de engenharia para evitar que a ponte fosse levada embora.

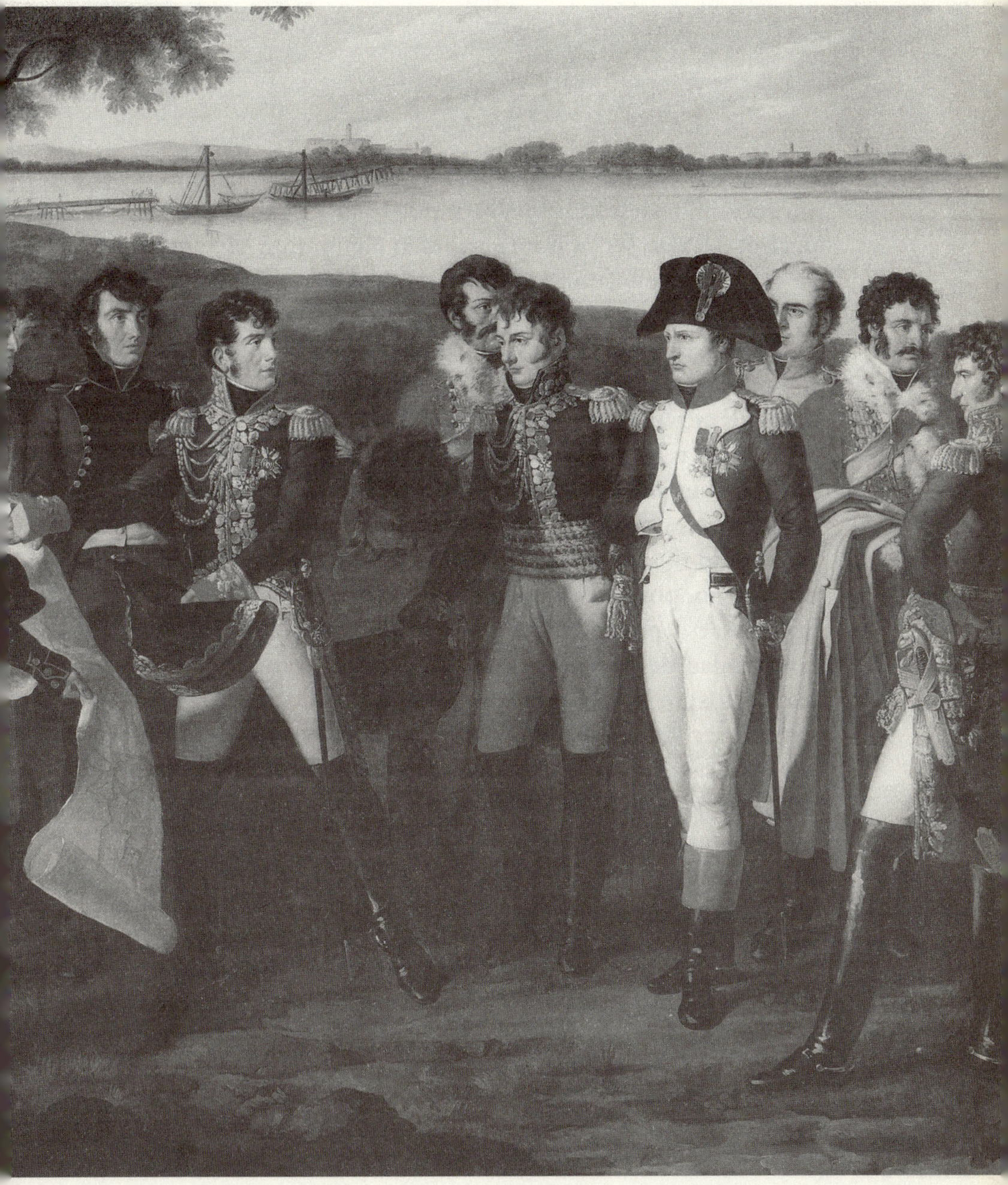

MÁXIMA XXXIX

Na campanha de 1645, Turenne foi atacado com seu exército diante de Philipsburg por uma força muito superior. Ali não havia ponte sobre o Reno, mas ele aproveitou o terreno entre o rio e o local para estabelecer acampamento. Isto deveria servir de lição para os oficiais engenheiros, não apenas na construção de fortalezas, mas de cabeças de ponte. Um espaço deve sempre ser deixado entre a fortaleza e o rio, onde um exército pode se formar e se reunir sem ser obrigado a se lançar no espaço aberto e assim comprometer sua segurança. Um exército em retirada sobre Mayence ante um inimigo perseguidor está necessariamente comprometido; por essa razão, porque ele necessita de mais de um dia para atravessar a ponte, e porque as linhas de Kassel estão confinadas demais para admitir a permanência de um exército sem ser bloqueado. Cerca de 400 metros deveriam ter sido deixados entre aquele lugar e o Reno. É essencial que todas as cabeças de ponte diante de grandes rios fossem construídas sobre este princípio, pois de outro modo provariam uma assistência ineficiente na proteção da passagem de um exército em retirada. Cabeças de ponte são úteis apenas para rios pequenos, com passagens mais curtas.

NOTA

O Marechal Saxe, na campanha de 1741, tendo atravessado o Moldau em missão de busca de uma destacada tropa de 14 mil homens que estava prestes a se lançar em Praga, deixou milhares de unidades de infantaria naquele rio, com ordens de se entrincheirar num ponto diretamente perpendicular à cabeça de ponte. Por conta dessa precaução, o marechal garantiu sua retirada e também a facilidade de volta pela ponte sem desordem, reunindo suas divisões entre o ponto entrincheirado e a cabeça de ponte.

Esses exemplos eram desconhecidos dos generais dos tempos modernos, ou eles estão dispostos a pensar que tais precauções são supérfluas?

Em 23 de abril de 1809, o Marechal Jean Lannes liderou o saque da cidadela de Ratisbon, levando suas tropas por escadas e acima das muralhas.

MÁXIMA XL

As fortalezas são igualmente úteis na guerra ofensiva e defensiva. É verdade que elas não deterão um exército por si próprias, mas são um excelente meio de retardar, constranger, enfraquecer e irritar um inimigo vitorioso.

NOTA

O brilhante sucesso dos exércitos aliados na campanha de 1814 tem dado a muitos militares a falsa ideia do real valor das fortalezas.

As incríveis tropas que cruzaram o Reno e os Alpes nesse período tiveram a possibilidade de poupar numerosos destacamentos para bloquear os lugares fortes que cobriam as fronteiras da França, sem afetar materialmente a superioridade numérica do exército que marchou sobre a capital. Esse exército estava em condições, portanto, de agir sem medo de ser ameaçado em sua linha de retirada.

Mas em nenhum período de história militar os exércitos da Europa foram tão combinados, ou governados de maneira tão única, por uma mente comum na obtenção de um único objeto. Sob essas circunstâncias, a linha de fortalezas que cercava a França ficou indisponível durante a campanha; mas seria muito imprudente, portanto, concluir que a fronteira guardada por numerosas fortalezas poderia ser atravessada impunemente; ou que as batalhas que poderiam ser travadas com esses lugares em sua retaguarda, sem invasões prévias, fossem ao menos investidas de forças suficientes.

MÁXIMA XLI

Existem apenas dois modos de assegurar o sucesso de uma invasão. O primeiro, começar derrotando o exército inimigo para dar cobertura ao local, forçando-o a sair do campo, e lançando seus remanescentes para além de algum grande obstáculo natural, como uma cadeia de montanhas ou um grande rio. Tendo cumprindo esse objetivo, um exército de sentinelas deve ser colocado atrás do obstáculo natural até que as trincheiras tenham terminado e o local seja tomado.

Mas, caso deseje tomar o lugar com a presença de um exército auxiliar, sem arriscar uma batalha, então, de saída, todo o *materiel* e o equipamento para um cerco são necessários, junto com munições e provisões para o período presumido de duração, e também linhas de circunvalação, ou seja, feitas de estacas fincadas na terra, como um parapeito, auxiliadas por localidades elevadas, bosques, pântanos e áreas inundadas.

Não tendo mais como manter comunicação com seus depósitos, o único requisito é manter o exército auxiliar sob controle. Para este propósito, deve-se formar um exército de sentinelas cuja função é nunca perder de vista o do inimigo, e que, enquanto bloqueia efetivamente todo o acesso ao local, tem sempre tempo suficiente para chegar aos seus flancos ou à retaguarda em caso de alguma tentativa de ataque à marcha.

Deve-se lembrar também que, ao aproveitar criteriosamente as linhas de contravalência, uma parte do exército invasor estará sempre disponível a ceder a batalha ao inimigo que se aproxima.

Sobre o mesmo princípio geral, quando um lugar deve ser invadido na presença do exército inimigo, é necessário dar cobertura à invasão pelas linhas de circunvalação.

Se a força invasora for numericamente suficiente (depois de deixar antes do lugar uma tropa que seja quatro vezes a quantidade da guarnição) para resistir ao exército auxiliar, ela pode eliminar marchas de mais de um dia de duração do local; mas, se for numericamente inferior, depois de prever o cerco, como se afirmou antes, deve permanecer a um dia de marcha curta de distância do local, de modo a retornar para suas linhas, se necessário, ou receber socorro em caso de ataque.

Se as tropas atacantes e o exército de sentinelas forem apenas iguais quando unidos às forças auxiliares, o exército invasor deve permanecer todo dentro ou próximo de suas linhas e empurrar o cerco com a maior atividade possível.

NOTA

"Quando empreendemos um cerco", diz Montecuccoli, "não devemos procurar nos posicionar em frente à parte mais frágil da fortaleza, e sim no ponto mais favorável para montar um acampamento e executar os projetos que temos em vista."

Esta máxima foi bem compreendida pelo Duque de Berwick. Enviado para compor o Cerco a Nice em 1706, ele se determinou a atacar pelos lados de Montalban, contrariando os conselhos de Vauban e até mesmo às ordens do rei. Tendo um exército muito pequeno à sua disposição, ele começou assegurando seu acampamento. Isto ele fez construindo redutos sobre os terrenos altos que se fechavam entre o Var e o Paillon, dois rios que apoiavam seus flancos. Desse modo, ele se protegeu contra uma surpresa; para o Duque de Savoia, tendo o poder de marchar repentinamente pelo Col de Tende (passagem entre altas montanhas nos Alpes, perto da fronteira entre a França e a Itália), era necessário que o marechal fosse capaz de reunir suas forças, de modo a avançar rapidamente sobre seu adversário e combatê-lo antes que ele se posicionasse; caso contrário sua inferioridade numérica o obrigaria a desistir do cerco.

Quando sitiava Bruxelas com apenas 28 mil homens, em oposição a uma guarnição de 12 mil, o Marechal Saxe recebeu informações de inteligência de que o Príncipe de Waldeck estava reunindo suas forças para levantar o cerco. Não tendo força suficiente para formar um exército de observação, o marechal fez o reconhecimento de um campo de batalha no pequeno rio Voluve, e todas as preparações necessárias para se deslocar rapidamente para este ponto, no caso da aproximação do inimigo. Assim, ele se preparou para receber o adversário sem interromper as operações de cerco.

Cerco de Danzig (hoje Gdansk), em 1807. Os franceses, sob o comando do Marechal Lefebvre, cercaram a guarnição da Prússia, cavaram trincheiras paralelas e bombardearam a cidade por vários meses até que ela se rendesse.

MÁXIMA XLII

O Marquês de Feuquière diz que "nunca devemos esperar pelo inimigo nas linhas de circunvalação, mas devemos sair e atacá-lo." Ele está errado. Não há autoridade na guerra sem exceção; e seria perigoso proibir o princípio de esperar o inimigo dentro das linhas de circunvalação.

NOTA

Durante o Cerco de Mons, em 1691, o Príncipe de Orange reuniu seu exército e avançou até Notre Dame de Haia, fazendo uma demonstração de socorrer o local. Luis XIV, que comandou pessoalmente o cerco, convocou um conselho de guerra para deliberar sobre o que deveria ser feito caso o Príncipe de Orange se aproximasse. A opinião do Marechal Luxembourg era permanecer no interior das linhas de circunvalação, e essa opinião prevaleceu.

O marechal determinou como princípio que, quando o exército invasor não é forte o suficiente para defender toda a extensão da circunvalação, deveria deixar as linhas e avançar para enfrentar o inimigo; mas, quando é forte o suficiente para acampar em duas linhas ao redor de um local, então é melhor lucrar com um bom entrincheiramento – especialmente se isso significa que o cerco não será interrompido.

Em 1658, o Marechal Turenne estava invadindo Dunkirk. Ele já havia aberto as trincheiras quando o exército espanhol, sob as ordens do Príncipe Don Juan, Condé, e d'Hocquincourt, apareceu e tomou o posto sobre o Downs, a 5 km de distância de suas linhas. Turenne tinha superioridade numérica e decidiu abandonar suas trincheiras. E também tinha outras vantagens. O inimigo não tinha artilharia, e sua superioridade de cavalaria foi inutilizada pela natureza desfavorável do solo. Era, portanto, de grande importância derrotar o exército espanhol antes que ele tivesse tempo de se entrincheirar e erguer sua artilharia. A vitória conseguida pelos franceses nessa ocasião justificou todas os planejamentos do Marechal Turenne.

Quando realizava o cerco a Philipsburg, em 1733, o Marechal Berwick tinha motivos para compreender que o Príncipe de Savoia o atacaria com todas as forças do império antes da sua exterminação. O marechal, portanto, depois de ter disposto as tropas destinadas ao cerco, formou com o restante do exército uma tropa de observação para encabeçar a investida contra o Príncipe Eugênio, no caso deste último optar por atacá-lo em suas linhas ou tentar um desvio no Moselle ou no Alto Reno. O Príncipe Eugênio, tendo chegado ao fronte do exército invasor, ouviu de alguns oficiais generais que era melhor não esperar o inimigo nas linhas, mas avançar e atacá-lo. Mas, como o Duque de Luxembourg, o Marechal Berwick, achava que um exército que podia ocupar completamente as trincheiras para seu benefício não corria o risco de ser forçado e decidiu permanecer dentro de suas obras. O resultado provou que essa também era a opinião do Príncipe Eugênio, que não ousou atacar as trincheiras, que ele não teria deixado de fazer se alimentasse quaisquer esperanças de sucesso.

MÁXIMA XLIII

Aqueles que proíbem as linhas de circunvalação e toda assistência que a ciência da engenharia pode trazer se priva gratuitamente de um auxílio que nunca é prejudicial, é quase sempre útil, e muitas vezes indispensável. Deve-se admitir, ao mesmo tempo, que os princípios da fortificação de campo exigem melhorias. Este importante ramo da arte da guerra não fez progressos desde o tempo dos antigos. Hoje ele é até inferior ao que era dois mil anos atrás. Os oficiais engenheiros devem ser encorajados a trazer este ramo da sua arte à perfeição, e colocá-lo no mesmo nível do resto.

NOTA

"Se somos numericamente inferiores", diz o Marechal Saxe, "as trincheiras não serão úteis, pois o inimigo vai trazer todas as suas forças para pressionar pontos particulares. Se temos uma força equivalente, elas também são desnecessárias. Se somos superiores, não as queremos. Então por que nos darmos ao trabalho de nos entrincheirar?" Apesar dessa opinião sobre a inutilidade das trincheiras, o Marechal Saxe muitas vezes recorreu a elas.

Em 1797, os Generais Provéra e Hohenzollern se apresentaram diante de Mântua (onde o Marechal Wurmser estava recluso), com o propósito de levantar o cerco, tendo sido interrompidos pelas linhas da contravalação de St. George. Esse pequeno obstáculo foi suficiente para permitir que Napoleão chegasse a Rivoli e derrotasse o empreendimento deles. Foi consequência de negligenciar as trincheiras que os franceses tinham sido obrigados a levantar o cerco na campanha anterior.

MÁXIMA XLIV

Se as circunstâncias impedirem que uma guarnição adequada seja deixada para defender uma cidadela fortificada, com comércio e hospital, que pelo menos todos os métodos sejam empregados para garantir a segurança da cidadela contra um roubo.

NOTA

Alguns batalhões espalhados pela cidade não inspiram terror; mas confinados nos contornos mais estreitos de uma cidadela, eles assumem uma atitude impositiva. Por essa razão me parece verdadeiro que tal precaução sempre é necessária, não apenas em fortalezas, mas onde quer que existam hospitais ou depósitos de qualquer tipo. Onde não há uma cidadela, algum quartel da cidade deve ser fixado no ponto mais favorável à defesa, e entrincheirado de tal maneira que se oponha à maior resistência possível.

Chegada das tropas de Napoleão a Madri, 1808, durante a Guerra da Península.

MÁXIMA XLV

Um local fortificado pode apenas proteger a guarnição e deter o inimigo por um tempo determinado. Quando esse tempo tiver passado e as defesas, destruídas, a tropa deve depor as armas. Todas as nações civilizadas concordam neste ponto, e nunca houve uma discussão exceto com referência ao maior ou menor grau de defesa que um governador é obrigado a fazer antes de capitular. Ao mesmo tempo, existem generais – entre eles Villars – que são de opinião que um governador nunca deveria se render, mas que, em última instância, deveria explodir as fortificações e aproveitar a escuridão da noite para abrir caminho em meio ao exército invasor. Onde ele é incapaz de explodir as fortificações, sempre é possível bater em retirada com sua tropa e salvar os homens.

Os oficiais que adotaram essa linha de conduta muitas vezes pouparam três quartos de sua guarnição.

NOTA

Em 1705, os franceses, que foram sitiados pelo Conde Thungen em Haguenau, viram-se incapazes de sustentar o ataque. Péri, o governador, que se distinguira por uma vigorosa defesa, desencorajado a capitular e se tornar um prisioneiro de guerra, resolveu abandonar o lugar e abrir um caminho entre os invasores.

A fim de esconder mais eficazmente sua intenção, e enquanto enganava o inimigo espalhando ao mesmo tempo a resolução de seus oficiais, ele montou um conselho de guerra e declarou sua resolução de morrer na fuga. Então, sob o pretexto do extremo limite ao qual estava reduzido, ele comandou a tropa toda sob armas; e, deixando apenas alguns atiradores de elite para trás, deu ordem para marchar, e partiu de Haguenau em silêncio, com a cobertura da noite. Essa iniciativa foi coroada com sucesso e Péri alcançou Saverne sem ter sofrido uma baixa.

Dois bons exemplos de defesa em épocas posteriores são os de Massena, em Gênova, e de Palafox, em Zaragoza.

O primeiro marchou com armas e bagagem e todas as honras da guerra, após rejeitar todas as intimações, e defendeu-se até a fome obrigá-lo a capitular. O segundo só cedeu após ter enterrado sua guarnição entre as ruínas da cidade, que ele defendeu casa a casa, até que a fome e a morte não lhe deram outra alternativa senão a rendição. Este cerco, que foi igualmente honroso para os franceses e para os espanhóis, é um dos mais memoráveis da história da guerra. No decorrer, Palafox mostrou todos os recursos possíveis que a coragem e a obstinação poderiam fornecer na defesa da fortaleza.

Toda força real é fundada na mente; e, por causa disso, sou de opinião que deveríamos nos orientar na escolha de um governador, menos por sua genialidade que por seu caráter pessoal. As qualidades mais essenciais devem ser coragem, perseverança e dedicação militar. Acima de tudo, ele deve ter o talento não apenas de infundir coragem à guarnição, mas de atiçar o espírito de resistência de toda a população. Onde o último está em falta, muito a arte possa multiplicar as defesas de um lugar, a guarnição será compelida a capitular após ter sofrido o primeiro, ou no máximo, o segundo assalto.

MÁXIMA XLVI

As chaves da fortaleza fazem valer à pena a retirada da tropa, quando se está resolvido a ceder apenas nessas condições. Com base nesse princípio, é sempre mais sensato conceder uma capitulação honrosa a uma tropa que tenha oferecido uma resistência vigorosa do que arriscar um ataque.

NOTA

O Marechal Villars observou com razão, que "nenhum governador de um lugar deveria ter permissão de se desculpar por se render, com base no desejo de preservar as tropas do rei. Cada guarnição que exibe coragem vai escapar de ser prisioneiro de guerra. Pois não há um general que, embora certo da tomada de um local por ataque, não preferirá conceder termos de capitulação em vez de arriscar a perda de mil homens forçando as tropas movidas pela determinação a se render."

A Capitulação de Ulm, de Charles Thévenin, celebra a vitória decisiva de Napoleão sobre o exército austríaco sob o General Mack, na Baviera, em 20 de outubro de 1805. Em uma proclamação no dia seguinte, Napoleão escreveu: "Soldados da Grande Armada, eu anunciei a batalha. Mas, graças às más combinações do inimigo, obtive o mesmo sucesso sem risco... Em quinze dias vencemos uma campanha."

MÁXIMA XLVII

Infantaria, cavalaria e artilharia não são nada uma sem a outra; portanto, elas devem estar sempre preparadas nos acampamentos para dar suporte uma à outra em caso de surpresa.

NOTA

"Um general deve direcionar toda a sua atenção à tranquilidade de seus acampamentos, de modo que o soldado possa ser poupado de toda ansiedade e descanse na segurança de sua farda. Dessa forma, deve-se ter cuidado para que as tropas sejam capazes de se formar rapidamente sobre o solo que sofreu um reconhecimento previamente; que os generais permaneçam sempre com suas divisões ou brigadas, e que o serviço seja conduzido em toda a sua extensão com exatidão."

O Marechal Saxe é de opinião que um exército não deveria estar com pressa para deixar seu acampamento, mas que deve esperar até que o inimigo tenha se exaurido com a marcha e esteja pronto a cair sobre ele com tropas renovadas quando é vencido pela fadiga.

Acredito, contudo, que seria perigoso confiar implicitamente nessa alta autoridade, pois há muitas ocasiões em que toda a vantagem está na iniciativa, mais especificamente quando o inimigo tem sido obrigado a estender seu acampamento, à escassez de subsistência, e pode ser atacado antes que tenha tempo de concentrar suas forças.

MÁXIMA XLVIII

A formação da infantaria em linha deve estar sempre em duas fileiras, porque o comprimento do mosquete só admite um disparo efetivo com essa formação. A dispensa da terceira fileira não é apenas incerta, mas frequentemente perigosa para as fileiras da frente. Ao projetar a infantaria com duas fileiras, deveria haver um supranumerário por trás de cada quarta ou quinta fileira. Uma reserva deve igualmente ser colocada vinte e cinco passos atrás de cada flanco.

NOTA

Sou de opinião que, se as circunstâncias exigem uma linha de infantaria que recorra a um bloco, dois níveis é uma formação muito leve para resistir ao choque da cavalaria. Por mais inútil que a terceira fileira possa parecer, com o propósito de atirar, ela é necessária para substituir os homens que se colocam nas fileiras da frente; de outro modo você seria obrigado a fechar as fileiras e, assim, deixar intervalos entre as companhias, que a cavalaria não deixaria de penetrar. Parece-me também que quando a infantaria é formada em duas fileiras, as colunas se abrirão em marcha em direção ao flanco. Se fosse considerado vantajoso manter a infantaria em duas fileiras na cobertura das trincheiras, a terceira fileira deveria ser colocada na reserva, e trazida para frente para aliviar a linha de frente quando ela estiver exaurida, ou quando o fogo estiver diminuindo. Fui induzido a fazer esses comentários porque vi um excelente panfleto propondo a formação dos dois níveis como o melhor para a infantaria. O autor baseia sua opinião em uma variedade de razões plausíveis, mas não suficientes, como me parece, para responder a todas as objeções que podem ser oferecidas para essa prática.

Inspeção das tropas em Boulogne em 15 de agosto de 1804 em preparação para a invasão da Inglaterra. Entre 1803 e 1805, Napoleão recrutou 180 mil homens, que treinaram nos campos na costa norte da França. Uma flotilha de barcaças de invasão foi construída e posicionada ao longo da costa de Boulogne até a Holanda e as instalações portuárias foram reformadas. Mas os planos de invasão foram arquivados quando os exércitos russo e austríaco ameaçaram Napoleão na Alemanha e na Itália.

MÁXIMA XLIX

A prática de mesclar pequenos grupos de infantaria e cavalaria é péssima, e acompanhada de muitas inconveniências. A cavalaria perde seu poder de ação. Torna-se restrita em todos os seus movimentos. Sua energia é destruída; até mesmo a infantaria é comprometida pois, no primeiro movimento da cavalaria, ela fica sem apoio. O melhor modo de proteger a cavalaria, de fato, é cobrir seu flanco.

NOTA

Esta também era a opinião do Marechal Saxe. "A fraqueza da formação acima", diz ele, "é suficiente em si mesma para intimidar os pelotões de infantaria, porque eles devem ser perdidos se a cavalaria for derrotada."

A cavalaria, que depende da infantaria para o socorro, também fica desconcertada no momento em que um rápido movimento para a frente a conduz para além de seu apoio. O Marechal Turenne e os generais do seu tempo empregavam, às vezes, essa ordem de formação; mas isso não justifica, na minha opinião, um autor moderno recomendá-la em um ensaio, intitulado "Considerações sobre a Arte da Guerra". De fato, essa formação foi abandonada há muito tempo; e, desde a introdução da artilharia leve, parece-me quase ridículo propor isso.

A Batalha de Fontenoy, *11 de maio de 1745, por Horace Vernet, mostra o Marechal Saxe apresentando uma bandeira britânica capturada para Luis XV e Dauphin. A batalha foi uma vitória francesa decisiva e um triunfo tático para Saxe, que continuou a conquistar grande parte da Holanda austríaca e tornou-se um herói militar francês.*

Máxima XLIX

MÁXIMA L

Ataques da cavalaria são igualmente úteis no início, meio e final da batalha. Eles devem ser feitos sempre, se possível, nos flancos da infantaria, especialmente quando esta está engajada no fronte.

NOTA

O Arquiduque Carlos, falando da cavalaria, recomenda que ela seja trazida em massa após um momento decisivo, quando chega a hora de empregá-la; isto quer dizer, quando puder atacar com certeza de sucesso. Como a rapidez de seu movimento permite que a cavalaria atue ao longo de toda a linha no mesmo dia, o general que a comanda deve mantê-la reunida o máximo possível, e evitar dividi-la em muitos destacamentos. Quando a natureza do solo admite que a cavalaria seja empregada em todos os pontos da linha, é desejável que seja formada na coluna atrás da infantaria, e em uma posição de onde possa ser facilmente dirigida onde quer que seja necessária. Se a cavalaria é destinada a dar cobertura a uma posição, ela deve ser posicionada na retaguarda de forma a encontrar o mais rápido possível qualquer avanço das tropas que vêm atacar essa posição. Se estiver destinada a cobrir o flanco da infantaria, deve, pela mesma razão, ser colocada diretamente atrás dela.

Como o objetivo da cavalaria é puramente ofensivo, deveria ser uma regra formar-se a uma grande distância do ponto de colisão que lhe permitisse adquirir o máximo impulso, e chegar ao máximo da sua velocidade em ação. No que diz respeito à cavalaria reserva, ela só deve ser empregada no final da batalha, tanto para tornar o sucesso mais decisivo quanto para dar cobertura à retirada. Napoleão observa que, na Batalha de Waterloo, a cavalaria da guarda, que compunha a reserva, estava comprometida com suas ordens. Ele se queixa de ter sido privado das cinco horas do uso dessa reserva que, quando bem empregada, tantas vezes lhe assegurou a vitória.

Cavalaria Ligeira da Guarda Imperial Francesa atacam cavaleiros austríacos na Batalha de Wagram em 5 de julho de 1809.

MÁXIMA LI

É função da cavalaria acompanhar a vitória e impedir que o inimigo derrotado se recupere.

NOTA

Vitorioso ou derrotado, é da maior importância ter um corpo de cavalaria de reserva, seja para aproveitar a vitória ou para garantir a retirada. As batalhas mais decisivas perdem metade do seu valor para o conquistador, quando a falta de cavalaria o impede de seguir seu sucesso e privar o poder inimigo de se reunir.

Quando um exército em retirada é perseguido, é mais especificamente sobre os flancos que o peso da cavalaria deve recair, se houver força suficiente disponível nessa ala para fragmentar essa retirada.

MÁXIMA LII

A artilharia é mais essencial para a cavalaria do que para a infantaria porque a cavalaria não tem armas que a defendam, mas depende do sabre. É para remediar esta deficiência que historicamente se recorre à artilharia montada. A cavalaria, portanto, nunca deve estar sem canhões, seja quando faz ataques, se reúne, ou quando fica em posição.

NOTA

A artilharia montada é uma invenção de Frederico. A Áustria não perdeu tempo em introduzi-la em seus exércitos, apesar de uma implementação incompleta. Foi apenas em 1792 que esse armamento foi adotado na França, onde atingiu rapidamente sua perfeição.

Durante as guerras da Revolução, seus serviços foram imensos. Pode ser dito que, em certa medida, ela mudou o caráter das táticas, porque sua facilidade de movimento permitia que resistisse rapidamente em cada ponto em que a artilharia podia ser empregada com sucesso. Em suas memórias, Napoleão observou que uma artilharia flanqueadora que golpeia e rodeia o inimigo obliquamente é capaz de decidir a vitória sozinha. A isso podemos acrescentar que, independentemente das vantagens que a cavalaria extrai da artilharia montada assegurando seus flancos e abrindo o caminho para um ataque bem-sucedido pela destrutividade de seu fogo, é desejável que essas duas armas nunca se separem, mas que estejam sempre prontas para aproveitar os pontos em que possa ser necessário empregar o canhão. Nessas ocasiões, a cavalaria mascara a marcha da artilharia, protege seu estabelecimento em posição, e dá cobertura ao ataque do inimigo até que esteja pronta para abrir fogo.

MÁXIMA LIII

Em marcha, ou em posição, a maior parte da artilharia deve estar com as divisões de infantaria e cavalaria. O restante deve estar em reserva. Cada arma deve ter três centenas de balas, sem falar da carroça e do trilho. Isso dura cerca de duas batalhas.

NOTA

Quanto melhor é a infantaria, mais importante é lhe dar suporte com a artilharia, tendo em vista sua preservação.

É essencial também que as baterias ligadas às divisões devam marchar na frente, porque isso tem uma forte influência no moral do soldado. Ele sempre ataca com confiança quando vê os flancos da coluna bem cobertos pelo canhão.

A artilharia reserva deve ser mantida para um momento decisivo e então empregada com força total, pois será difícil para o inimigo nessa hora tentar atacá-la.

Há poucos exemplos de uma artilharia de sessenta peças de canhão sendo transportada por infantaria ou cavalaria, a menos que estivesse totalmente sem apoio ou em posição de ser facilmente superada.

MÁXIMA LIV

A artilharia deve sempre ser colocada nas posições mais vantajosas e na frente na linha da cavalaria e da infantaria, sem comprometer a segurança das armas.

As baterias de campo devem comandar a totalidade da região a partir do nível da plataforma. Elas não devem, em hipótese alguma, ser marcadas à direita ou à esquerda, mas ter livre acesso a todas as direções.

NOTA

A bateria de dezoito peças de canhão, que cobria o centro do exército russo na Batalha de La Moskwa (Borodino), pode ser citada como exemplo.

Sua posição, em um ponto com visão circular que comandava o campo em todas as direções, teve um efeito tão poderoso que seu fogo sozinho foi suficiente por um bom tempo para paralisar o vigoroso ataque feito pelos franceses com sua ala direita. Apesar de quebrar duas vezes, a esquerda do exército fechou essa bateria, de modo a virar o jogo, e recuperar duas vezes sua antiga posição. Após repetidos ataques, conduzidos com rara intrepidez, a artilharia foi finalmente carregada pelos franceses, mas não antes que eles houvessem perdido a elite do seu exército e, com ela, os generais Caulincourt e Montbrun. Sua captura decidiu a retirada da ala esquerda dos russos.

Eu poderia citar outro exemplo, enfim, na campanha de 1809, e o efeito terrível produzido pelas cem peças de canhão da guarda. Foi assim que o General Lauriston dirigiu a Batalha de Wagram contra a ala direita do exército austríaco.

MÁXIMA LV

Um general nunca deve colocar seu exército em acampamentos quando ele tem os meios de coletar suprimentos de forragem e provisões, e assim abastecer as necessidades do soldado no campo.

NOTA

Uma grande vantagem resultante de ter um exército no campo é que é mais fácil dirigir seu espírito e ali manter sua disciplina. O soldado acampado se abandona ao repouso; ele acaba encontrando prazer na ociosidade e temendo o retorno ao campo. O contrário acontece no acampamento. Ali, o sentimento de *ennui*, e uma disciplina mais severa, o deixam ansioso pelo início da campanha, para interromper a monotonia do serviço e aliviá-lo com as chances e a variedade da guerra. Além disso, um exército no campo está muito mais seguro de uma surpresa do que em acampamentos – cujo defeito normalmente é ocupar uma área de terra muito grande. Quando um exército é obrigado a entrar em quartéis, o Marquês de Feuquière recomenda que um campo seja escolhido em frente à linha, onde as tropas podem ser montadas frequentemente – por vezes repentinamente, a fim de exercitar a vigilância, ou com o único propósito de manter reunidas as diferentes tropas.

MÁXIMA LVI

Um bom general, um sistema bem organizado, instruções corretas e disciplina severa, além de instalações eficientes, sempre produzirão boas tropas, independentemente da causa pela qual lutam. Ao mesmo tempo, o amor pelo país, o espírito de entusiasmo, o sentido da honra nacional e uma pequena dose de fanatismo agirão com vantagem sobre os jovens soldados.

NOTA

Este comentário me parece menos aplicável aos oficiais do que a soldados, pois como a guerra não é um estado natural de coisas para o homem, deduz-se que aqueles que sustentam sua causa devem ser governados por uma forte excitação. Muito entusiasmo e dedicação são necessários por parte das tropas para o general que comanda, para induzir seus homens a realizar grandes ações em uma guerra não lhes interessa. Isto é suficientemente provado pela apatia dos auxiliares, a menos que inspirados pela conduta do chefe.

MÁXIMA LVII

Quando uma nação não tem instituições e sistema militar é muito difícil organizar um exército.

NOTA

Esta é uma verdade incontestável, mais particularmente com referência a um exército destinado a atuar sobre o sistema da guerra moderna, em que ordem, precisão e rapidez de movimento são os elementos essenciais para o sucesso.

Guardas montados do Czar capturando a Bandeira e Águia Imperial do 4º Regimento de Linha, na Batalha de Austerlitz, em 2 de dezembro de 1805. No final, porém, a maré virou e Napoleão conquistou uma vitória decisiva sobre o exército austro-russo.

MÁXIMA LVIII

A primeira qualificação de um soldado é a resiliência diante da fadiga e da privação.

A coragem é apenas a segunda; sofrimento, miséria e necessidade são a melhor escola para o soldado.

NOTA

A valentia pertence ao jovem soldado assim como ao veterano; mas, no primeiro, ela é mais efêmera. É apenas por um hábito de serviço, e após várias campanhas, que o soldado adquire a coragem moral que o faz suportar a fadiga e as privações da guerra sem lamentar. A essa altura, a experiência já o instruiu a suprir suas próprias necessidades. Ele se satisfaz com o que pode conseguir porque sabe que o sucesso só pode ser obtido com força e perseverança. Bem dizia Napoleão que a miséria e a necessidade eram a melhor escola para um soldado; pois como nada poderia ser comparado ao completo desamparo do exército nos Alpes, quando ele assumiu o comando, também nada poderia se igualar o sucesso brilhante que obteve com seu exército na primeira campanha na Itália. Os conquistadores de Montenotte, Lodi, Castiglione, Bassano, Arcole e Rivoli tinham visto, apenas alguns meses antes, batalhões inteiros cobertos com trapos e desertando por falta da subsistência.

MÁXIMA LIX

Existem cinco coisas que o soldado nunca deve ficar sem: seu mosquete, sua munição, sua bolsa com pertences, suas provisões (para no mínimo quatro dias) e sua ferramenta de trincheiras. A bolsa com pertences deve ser reduzida ao menor tamanho possível, se for apropriada, mas o soldado deve sempre tê-la consigo.

NOTA

É uma sorte que Napoleão tenha reconhecido a vantagem de dar a cada soldado uma ferramenta de trincheira. Sua autoridade é a melhor resposta ao ridículo que foi lançado a todos que o propuseram. Um machado pode se revelar inconveniente para um soldado da infantaria tanto quanto a espada que ele carrega ao lado, mas será infinitamente mais útil. Quando são dados às companhias, ou são carregados por homens cansados durante a campanha, os machados são logo perdidos; e é comum, quando se forma um acampamento, que surjam dificuldades na hora de cortar madeira e construir tendas para o soldado; ao passo que, ao fazer do machado parte do equipamento, cada homem é obrigado a tê-lo sempre consigo; e se o objetivo é se entrincheirar em uma vila ou erguer tendas em um acampamento, o comandante da tropa perceberá rapidamente a vantagem dessa inovação.

Uma vez que o machado tenha sido com frequência adotado, veremos, talvez, a oportunidade de fornecer picaretas e pás a determinadas companhias também como benefício mais frequente nos entrincheiramentos.

É durante a retirada que é particularmente importante se entrincheirar quando o exército alcança uma boa posição; pois um acampamento entrincheirado não fornece apenas os meios para mobilizar as tropas que estão sendo perseguidas, mas, se for fortificado de maneira

Da esquerda para a direita: três soldados de elite – um carabineiro, um granadeiro e um atirador.

a tornar duvidoso o resultado do ataque inimigo, não apenas sustentará o moral do soldado em retirada, mas dará ao comandante-geral a oportunidade para resumir a ofensiva e lucrar com o primeiro movimento em falso do adversário. Será lembrado como Frederico, na campanha de 1761, quando cercado por dois exércitos – o russo e o austríaco – cuja força unida quadruplicava a sua própria, salvou seu exército se entrincheirando no acampamento de Buntzalvitz.

MÁXIMA LX

Todos os métodos devem ser utilizados para prender o soldado a suas bandeiras. Isso é melhor realizado mostrando consideração e respeito ao velho soldado. Seu salário igualmente deve aumentar com o tempo de serviço. É o cúmulo da injustiça não pagar mais a um veterano do que a um recruta.

NOTA

Alguns escritores modernos recomendam, por outro lado, limitar o período de serviço a fim de tornar toda a juventude de um país preparada para a luta. Por esse meio eles pretendem ter os soldados alistados maciçamente treinados e capazes de resistir com sucesso a uma invasão. Mas, por mais vantajoso que tal sistema militar possa parecer à primeira vista, acredito que muitas objeções serão encontradas.

    Em primeiro lugar, o soldado cansado das minúcias da disciplina em uma guarnição não se sentirá muito inclinado a se realistar depois de ter recebido sua dispensa, mais especialmente porque, tendo servido o tempo previsto, ele considerará ter cumprido todos os deveres cívicos para com seu país. Retornando ao convívio dos amigos, ele provavelmente se casará ou se estabelecerá profissionalmente. A partir desse momento, o seu espírito militar declinará e ele logo se tornará mal adaptado à guerra. Ao contrário, o soldado que serve por muito tempo se apega ao seu regimento como a uma nova família. Ele se submete ao jugo da disciplina, acostuma-se às privações que sua situação impõe, e termina por achar sua condição agradável.

Há poucos oficiais que enfrentaram o serviço que não descobriram a diferença entre velhos e jovens soldados, com referência à sua capacidade de suportar as fadigas de uma longa campanha, à coragem determinada que caracteriza o ataque ou à facilidade com que eles se recuperam.

Montecuccoli observa que: "leva tempo para disciplinar um exército; mais ainda para condicioná-lo à guerra; e ainda mais para constituir veteranos". Por isso, ele recomenda que uma grande consideração seja demonstrada para com os velhos soldados; que eles deveriam ser cuidados e sustentados, e que um grande grupo deles seja mantido sempre alistado. Parece-me também que não é suficiente aumentar o soldo do soldado de acordo com seu tempo de serviço, mas que é altamente essencial conferir a ele alguma marca de distinção que lhe garanta os privilégios que, calcula-se, vão encorajá-lo a continuar na tropa e, acima de tudo, fazê-lo com honra.

MÁXIMA LXI

Não são discursos prontos no momento da batalha que tornam os soldados corajosos.

O veterano mal os ouve, e o recruta os esquece na primeira dispensa. Se discursos e sermões são úteis, é durante a campanha: para eliminar impressões desfavoráveis, corrigir relatórios falsos, manter vivo o espírito apropriado no acampamento, e fornecer os materiais e entretenimentos para as tropas. Todas as ordens do dia impressas devem levar esses objetivos em consideração.

NOTA

A opinião do comandante-geral, energicamente expressa, produz, apesar de tudo, grande efeito de moral no soldado.

Em 1703, no ataque de Hornbec, vendo as tropas avançarem sem espírito, o Marechal Villars jogou sobre suas cabeças: "O quê é esperado que eu, um marechal da França, seja o primeiro na escalada, quando eu ordeno que VOCÊS ataquem?".

Essas poucas palavras reacenderam seu ardor; oficiais e soldados assumiram seus postos e a cidade foi tomada quase sem perdas.

"Por hoje chega! Vocês sabem que eu sempre durmo após uma batalha!", disse Napoleão, enquanto penetrava pelas fileiras no momento de resumir a ofensiva em Marengo. Essas poucas palavras bastaram para reacender a coragem dos soldados e fazê-los esquecer o cansaço da jornada, durante a qual quase todos os homens tinham combatido.

MÁXIMA LXII

As tendas são desfavoráveis para a saúde. O soldado está melhor quando acampa, porque dorme perto do fogo, que rapidamente seca o chão em que ele se encontra. Algumas tábuas, ou uma fina palha, o abrigam do vento.

Por outro lado, as tendas são necessárias para os oficiais superiores, que têm que escrever e consultar mapas. As tendas devem, portanto, ser montadas para eles, com instruções para nunca dormirem em uma casa. As tendas são sempre objetos de observação para a equipe inimiga. Elas representam informações com respeito aos números e ao território que você ocupa; enquanto um acampamento militar em duas ou três linhas apenas se distingue a distância pela fumaça que se mistura com as nuvens. É impossível contar o número de incêndios.

NOTA

A vantagem reconhecida dos acampamentos é outra razão para acrescentar uma ferramenta de trincheira ao equipamento do soldado; pois, com a ajuda do machado e da pá, ele pode se abrigar sem dificuldade. Eu já testemunhei cabanas erguidas com galhos de árvores, cobertas com turfa, onde o soldado estava perfeitamente abrigado do frio e da umidade, mesmo na pior estação.

MÁXIMA LXIII

Todas as informações obtidas dos prisioneiros devem ser recebidas com cautela, e estimadas em seu real valor. Um soldado raramente vê qualquer coisa além de sua própria companhia; e um oficial pode ter um pouco mais de informação acerca do regimento ao qual pertence do que somente sua posição e movimentos da divisão. Por isso, o general de um exército nunca deve depender das informações obtidas de seus prisioneiros, a menos que esteja de acordo com os relatos recebidos das guardas avançadas, no que se refere à posição do inimigo.

NOTA

Montecuccoli sabiamente observa que "prisioneiros devem ser interrogados separadamente, a fim de verificar, pelo consenso de suas respostas, até onde eles podem estar tentando enganá-lo". De um modo geral, as informações exigidas dos oficiais que são presos devem ser a referência da força e dos recursos do inimigo, e por vezes de sua localização e posição. Frederico recomenda que prisioneiros sejam ameaçados de morte instantânea se eles forem descobertos tentando enganar com relatos falsos

Pintura de Vernet mostrando Napoleão revisando a Guarda Imperial na Batalha de Jena, em 14 de outubro de 1806. As duas batalhas combatidas nesse dia (Jena e Auerstadt) viram Napoleão e seu mais famoso subordinado, o Marechal Louis Davout, vencerem os exércitos prussianos e subjugarem o Reino da Prússia.

MÁXIMA LXIV

Nada é tão importante na guerra como um comando unificado. Por essa razão, quando a guerra é realizada contra um poder único, deve haver apenas um exército, atuando sobre uma base e conduzida por um chefe.

NOTA

"Sucesso", diz o Arquiduque Carlos, "só deve ser obtido por esforços simultâneos, dirigidos a um determinado ponto, sustentados constantemente e executado com decisão". Raramente acontece que qualquer número de homens que tenham o mesmo objetivo esteja de acordo com os meios de alcançá-lo; e, se não for permitido que a vontade de um indivíduo predomine, não pode haver nenhum conjunto na execução de suas operações; nem alcançarão o fim proposto. É inútil confirmar esta máxima com exemplos. A história está cheia deles.

O Príncipe Eugênio e Marlborough nunca teriam sido tão bem-sucedidos em suas campanhas que dirigiram em conjunto, se um espírito de intriga e diferença de opinião não tivessem constantemente desorganizado os exércitos que se opunham a eles.

MÁXIMA LXV

As mesmas consequências que uniformemente assistiram a longas discussões e conselhos de guerra seguirão em todas as ocasiões. Elas terminarão na adoção do pior curso, que na guerra é sempre o mais tímido, ou, se preferir, o mais prudente. A única sabedoria verdadeira de um general é a coragem determinada.

NOTA

O Príncipe Eugênio costumava dizer que conselhos de guerra "só são úteis quando se quiser uma desculpa para não tentar nada". Esta também era a opinião de Villars. O comandante-geral deve evitar, portanto, reunir um conselho em ocasiões de dificuldade, e deve limitar-se a consultar separadamente seus generais mais experientes, de modo a beneficiar-se de seus conselhos. E, assim, deve formar seu próprio julgamento e decisão. Por esse método, ele se torna responsável, é verdade, pelas medidas que persegue; mas ele tem a vantagem também de agir com base em sua própria convicção, e de estar certo de que o segredo das suas operações não será divulgado, como é geralmente o caso quando isso é discutido por um conselho de guerra.

MÁXIMA LXVI

Na guerra, o general sozinho pode julgar certos arranjos. Depende somente dele e de seu próprio talento analisar, avaliar e superar dificuldades.

NOTA

O oficial que obedece, qualquer que seja a natureza ou a extensão do seu comando, sempre será desculpado por executar implicitamente as ordens que lhe foram dadas. Este não é o caso do comandante-geral, sobre quem a segurança do exército e o sucesso da campanha dependem. Ocupado, sem intervalo, em todo o processo de reflexão e observação, é fácil conceber que ele irá adquirir, em graus, uma solidez de julgamento que lhe permitirá ver as coisas com mais clareza e com um ponto de vista mais amplificado do que seus generais inferiores.

O Marechal Villars, em suas campanhas, quase sempre agia em oposição ao conselho de seus generais, e costumava ter sorte. É tão verdade isso que um general que confia em seu talento para o comando deve seguir os ditames de sua própria genialidade se ele deseja alcançar o sucesso.

MÁXIMA LXVII

Autorizar generais ou outros oficiais a deporem suas armas devido a uma capitulação particular, a não ser quando estão compondo a guarnição de uma fortaleza, proporciona uma perigosa margem de manobra. É nocivo ao caráter militar de uma nação abrir tal porta para os covardes, os fracos, ou mesmo para os corajosos mal orientados. Grandes situações limítrofes requerem resoluções extraordinárias. Quanto mais obstinada a resistência de um exército, maiores as chances de assistência ou de sucesso.

Quantas muitas impossibilidades aparentes já foram realizadas por homens cujo único recurso era a morte!

NOTA

Na campanha de 1759, Frederico dirigiu o General Fink, com dezoito mil homens, sobre Maxen com o propósito de eliminar o exército austríaco dos desfiladeiros da Boêmia. Cercado pelo dobro de seus números, Fink capitulou após uma ação brusca, e quatorze mil homens depuseram suas armas. Esta conduta foi ainda mais vergonhosa porque o General Winch, que comandava a cavalaria, abriu caminho pelo inimigo. Toda a culpa da rendição recaiu, portanto, sobre Fink, que posteriormente foi julgado por uma corte marcial e condenado à prisão por dois anos.

Na campanha na Itália, em 1796, o general austríaco Provéra capitulou com dois mil homens no castelo de Cossaria. Depois, na Batalha de La Favorita, o mesmo general capitulou com uma corporação de

Batalha de Millesimo, em 13-14 de abril de 1796. Foi, de fato, uma série de pequenos encontros na Itália setentrional entre os franceses e os exércitos da Áustria e da Sardenha. Quando o comandante austríaco retirou-se para o castelo de Cossaria, no topo da colina, as tropas de Napoleão tentaram tomar a posição, mas foram repelidas com perdas pesadas. Contudo, os austríacos capitularam no dia seguinte.

seis mil homens. Mal ouso a me referir à vergonhosa deserção do General Mack na capitulação de Ulm em 1805, onde trinta mil austríacos depuseram as armas – quando vimos, durante as guerras da Revolução, tantos generais abrirem seu caminho com um esforço vigoroso através do inimigo, apoiados por apenas alguns batalhões.

MÁXIMA LXVIII

Não há segurança para nenhum soberano, para nenhuma nação, ou para qualquer general, se é permitido aos oficiais capitular em campo aberto e depor suas armas em virtude de condições favoráveis ao signatário mas contrárias aos interesses do exército como um todo. Ao abandonar o risco e, assim, envolver seus camaradas em perigos maiores, é o cúmulo da covardia. Tal conduta deveria ser proscrita, declarada infame e punida com a morte. Todos os generais, oficiais e soldados que capitulam em batalha para salvar suas próprias vidas deveriam ser dizimados.

Aquele que dá a ordem e aqueles que a obedecem são igualmente traidores e merecem a pena capital.

NOTA

Os soldados, que quase sempre ignoram os projetos de seu chefe, não podem ser responsáveis pela conduta dele. Se ele ordena que baixem as armas, eles devem fazê-lo; do contrário eles falham nessa lei da disciplina que é mais essencial para um exército do que milhares de homens. Parece-me, portanto, sob essas circunstâncias, que os chefes são os únicos responsáveis e estão sujeitos à punição devido a sua covardia. Nós não temos nenhum exemplo de soldado carente de algo importante, nas situações mais desesperadas, sob o comando de oficiais decididos.

Confrontada com armas e números austríacos superiores, a Prússia sofreu uma derrota humilhante na Batalha de Maxen, em 20 de novembro de 1759.

Máxima LXVIII

MÁXIMA LXIX

Há apenas um modo honroso de se tornar prisioneiro de guerra. Que é sendo considerado separadamente; e isso significa ser totalmente isolado, e não poder mais fazer uso das próprias armas. Neste caso, não pode haver condições, pois a honra não pode impor nenhuma. Cedemos a uma necessidade irresistível.

NOTA

Sempre há tempo suficiente para se render como prisioneiro de guerra. Isso deve ser protelado, portanto, até a situação mais extrema. E aqui posso me permitir citar alguém como exemplo de rara obstinação na defesa, que me foi relatada por uma testemunha ocular. Dubrenil, o capitão dos granadeiros do 37º regimento da linha, tendo sido enviado como destacamento com sua companhia, foi parado em sua marcha por um grande grupo de cossacos, que o cercaram por todos os lados. Dubrenil juntou sua pequena força em uma praça, e procurou ganhar as franjas do bosque (a poucos metros do local onde havia sido atacado), aonde chegou com uma perda muito pequena. Assim que viram esse refúgio garantido, os granadeiros se separaram e fugiram, deixando o capitão e alguns bravos homens que estavam decididos a não abandoná-lo à mercê do inimigo. Nesse meio tempo, os fugitivos se reuniram nas partes mais remotas do bosque e, envergonhados de terem abandonado seu líder, resolveram resgatá-lo do inimigo, na condição de prisioneiro, ou carregar seu corpo caso tivesse morrido.

Com essa visão, eles se formaram mais uma vez nos arredores e, abrindo passagem com suas baionetas infiltraram-se pela cavalaria e foram até seu capitão que, apesar de ter 17 ferimentos, ainda se defendia. Eles imediatamente o cercaram e voltaram à floresta com poucas perdas. Tais exemplos não são raros nas guerras da Revolução, e era desejável vê-los recolhidos por algum contemporâneo de modo que os soldados pudessem aprender o quanto deve ser conseguido na guerra pela energia determinada por uma solução.

Napoleão se encontra com prisioneiros britânicos, em Astorga, seguindo a Batalha de La Coruña, que aconteceu em 16 de janeiro de 1809.

MÁXIMA LXX

A conduta de um general em um país conquistado é cheia de dificuldades. Se for grave, ele irrita e aumenta o número dos seus inimigos. Se for leniente, dá origem a expectativas que apenas tornam os abusos e vexames, inseparáveis da guerra, ainda mais intoleráveis. Um general vitorioso deve saber como empregar severidade, justiça e moderação em turnos, como se fosse apagar a revolta ou impedi-la.

NOTA

Entre os romanos, os generais só podiam chegar ao comando de exércitos depois de ter exercido as diferentes funções da magistratura. Deste modo, através de um conhecimento prévio de administração, eles estavam preparados para governar as províncias conquistadas com toda a discrição que um poder recém-adquirido, apoiado por forças arbitrárias, exige.

Nas instituições militares dos tempos modernos, os generais, instruídos apenas no que diz respeito ao funcionamento da estratégia e das táticas, são obrigados a confiar os departamentos civis de guerra a agentes inferiores, que, sem pertencer ao exército, tornam todos os abusos e vexações, inseparáveis de suas operações, ainda mais intoleráveis.

Essa observação parece, apesar de tudo, merecedora de uma atenção particular; pois se o lazer dos oficiais gerais fosse dirigido ao estudo da diplomacia nos tempos de paz – se eles estivessem empregados nas diferentes embaixadas que os soberanos mandam para os tribunais estrangeiros – eles iriam adquirir o conhecimento das leis e do governo desses países, nos quais poderiam ser convocados a partir de então a conduzir a guerra.

Eles também aprenderiam a distinguir aqueles pontos de interesse nos quais todos os tratados devem se basear, e que têm por objetivo a conclusão vantajosa de uma campanha. Com a ajuda dessa informação, obteriam resultados certos e positivos, já que todas as fontes da ação, bem como a máquina da guerra, estariam em suas mãos. Vimos o Príncipe Eugênio e o Marechal Villars, cada um cumprindo com habilidade equivalente os deveres de um general e de um negociador.

Quando um exército que ocupa uma província conquistada observa uma disciplina rigorosa, poucos são os exemplos de insurreição entre o povo, a menos que realmente a resistência seja provocada (como lamentavelmente ocorre com frequência) pelos desmandos dos agentes inferiores empregados na administração civil.

É a esse ponto, portanto, que o comandante-geral deve direcionar fundamentalmente sua atenção para que as contribuições impostas pelas necessidades do exército pudessem ser taxadas com imparcialidade; e, acima de tudo, que podem ser aplicados ao seu verdadeiro objeto, em vez de servir para enriquecer os coletores, como é geralmente o caso.

Na Batalha de Abukir, em 25 de julho de 1799, durante a campanha francesa no Egito, Napoleão derrotou o exército otomano de Mustafa Pasha infiltrando-se por suas linhas defensivas. O litoral otomano repentinamente se tornou uma armadilha de morte.

MÁXIMA LXXI

Nada pode salvar um general que aproveita o conhecimento adquirido a serviço de seu país, para entregar sua fronteira e suas cidades aos estrangeiros. Este é um crime reprovado por todos os princípios de religião, moralidade e honra.

NOTA

Homens ambiciosos que, ouvindo apenas suas paixões, armam nativos da mesma terra uns contra os outros (sob o pretexto enganoso do bem público), são ainda mais criminosos. Por mais arbitrário que seja o governo, as instituições que se consolidaram pelo tempo são sempre preferíveis à guerra civil e àquela anarquia que esse governo obriga a criar como justificativa para seus crimes.

Ser fiel a seu soberano e respeitar o governo estabelecido são os primeiros princípios que devem caracterizar um soldado e um homem honrado.

MÁXIMA LXXIV

As principais qualificações que devem distinguir um oficial selecionado para a chefia da equipe são: conhecer totalmente o país; ser capaz de conduzir um reconhecimento com habilidade; supervisionar prontamente a transmissão de ordens; estabelecer os movimentos mais complicados de forma inteligível, mas em poucas palavras e com simplicidade.

NOTA

Anteriormente, os deveres dos chefes de equipe limitavam-se às preparações necessárias para levar a efeito o plano de campanha e as operações decididas pelo comandante-geral. Em uma batalha, eles trabalhavam apenas na direção dos movimentos e na coordenação de sua execução. Mas, nas últimas guerras, os oficiais eram frequentemente encarregados de uma coluna de ataque, ou de grandes destacamentos, quando o comandante-geral temia revelar o segredo de seus planos pela transmissão de ordens ou instruções. Grandes vantagens resultaram dessa inovação, apesar de terem resistido por muito tempo. Por esse meio, a equipe foi capacitada a aperfeiçoar sua teoria pela prática, e adquiriu, além disso, a estima dos soldados e oficiais subalternos da linha, que são facilmente levados a pensar levianamente em seus superiores, a quem eles não veem lutando nas fileiras. Os generais que resistiram à árdua situação de chefe de equipe durante as guerras de Revolução, quase sempre foram empregados nos diferentes ramos da profissão. O Marechal Berthier, que preencheu tão ostensivamente essa nomeação para Napoleão, distinguiu-se por todos os elementos essenciais de um general. Ele tinha uma calma e, ao mesmo tempo, uma coragem brilhante, um excelente julgamento e uma experiência aprovada. Ele portou armas durante meio século, fez guerras nos quatro quadrantes do globo, abriu e encerrou trinta e duas campanhas.

Em sua juventude ele adquiriu, sob o'olhar do pai, que era um oficial engenheiro, o talento para traçar planos e concluí-los com exatidão, assim como as qualificações preliminares necessárias para ascender ao posto de oficial de equipe. Admitido pelo Príncipe de Lambesq em seu regimento de cavalaria, ele foi ensinado a gerenciar habilidosamente seu cavalo e sua espada – conquistas tão importantes para um soldado. Ligado posteriormente à equipe do Conde Rochambeau, ele fez sua primeira campanha na América, onde logo começaria a se destacar pela bravura, atividade e talentos. Tendo finalmente atingido o posto superior na equipe formada pelo Marechal de Ségur, ele visitou acampamentos do Rei da Prússia e cumpriu as funções de chefe de equipe sob o comando do Barão de Bezenval.

Durante dezenove anos, consumido em dezesseis campanhas, a história da vida do Marechal Berthier foi pouco mais que a das guerras de Napoleão, todos os detalhes que ele dirigiu, tanto do gabinete como do campo. Um estranho para as intrigas da política, ele trabalhou de forma incansável; colheu com prontidão e sagacidade as visões prospectivas de se tornar general, e deu as ordens necessárias para alcançá-los com prudência, perspicácia e concisão. Discreto, impenetrável, modesto... ele era justo, exato e até mesmo severo em tudo que considerava seu serviço; mas ele sempre dava um exemplo de vigilância e zelo em sua própria pessoa, e sabia como manter disciplina, e fazer com que sua autoridade fosse respeitada por todos os níveis sob suas ordens.

MÁXIMA LXXV

Um comandante da artilharia deve compreender bem dos princípios gerais de cada ramo de serviço, já que ele é convocado a suprir com armas e munições as diferentes tropas de que participa. Sua correspondência com os oficiais comandantes da artilharia nos postos avançados deveria colocá-lo em contato com todos os movimentos do exército, e a preparação e gerenciamento do grande campo de artilharia deveria depender da sua informação.

NOTA

Após ter reconhecido a vantagem de confiar o fornecimento de armas e munições de um exército a um órgão militar, é extraordinário que o mesmo regulamento não se estenda ao de provisões e forragem, em vez de deixá-lo nas mãos de uma administração separada, como é a prática no presente.

Os estabelecimentos civis ligados aos exércitos são formados quase sempre no início de uma guerra, e compostos de estranhos às leis de disciplina que eles são simplesmente muito inclinados a desconsiderar. Esses homens são pouco estimados pelos militares porque servem apenas para se enriquecer, sem respeito aos meios. Eles consideram apenas seu interesse privado em um serviço cuja glória não podem compartilhar, embora parte do seu sucesso dependa de seu zelo. As desordens e deflexões incidentais a esses estabelecimentos certamente cessariam se fossem confiadas a homens que tivessem sido empregados no exército e que, em troca de trabalho, tivessem permissão para participar com seus colegas soldados do triunfo de seu sucesso.

MÁXIMA LXXVI

As qualidades que distinguem o bom general dos postos avançados são: reconhecer com precisão os desfiladeiros e vaus de cada descrição; providenciar guias em que se possa confiar; interrogar o vigário e o agente do correio; estabelecer rapidamente um bom entendimento com os habitantes; enviar espiões; interceptar cartas públicas e privadas; traduzir e analisar seu conteúdo; em suma, ser capaz de responder a todas as perguntas do comandante-geral, quando ele chegar com o exército completo.

NOTA

Grupos de busca de insumos, compostos de pequenos destacamentos e que geralmente são confiados a jovens oficiais, anteriormente serviam para fazer bons oficiais em postos avançados; mas, agora, o exército é suprido com provisões por contribuições regulares: é apenas durante o curso da guerra partidária que a experiência necessária pode ser adquirida para preencher essas situações com sucesso.

Um chefe de partidários é, em certa medida, independente do exército. Ele não recebe pagamento nem provisões, e raramente recebe uma ajuda, é abandonado durante toda a campanha a seus próprios recursos.

Um oficial tão circunstanciado deve unir autoridade com coragem, e ousadia com discrição, se quiser colecionar pilhagens sem medir a força da sua pequena tropa com forças superiores. Sempre perseguido, sempre cercado por perigos que é sua tarefa prever e superar, um líder de partidários adquire em curto período de tempo uma experiência nos detalhes da guerra que raramente é obtida por um oficial da linha de

MÁXIMA LXXII

Um comandante-geral não tem direito de abrigar seus erros na guerra sob a guarida de seu soberano, ou de um ministro, quando ambos estão distantes do cenário da operação e consequentemente devem estar mal informados ou totalmente desconhecedores do real estado das coisas.

Consequentemente, todo general que se compromete a executar um plano que considera faltoso é culpado. É seu dever representar suas razões, insistir em uma mudança de planos, em suma, depositar sua resignação em vez de se permitir ser o instrumento da ruína de seu exército. Todo comandante-geral que luta uma batalha em consequência de ordens superiores, com a certeza de que a perderá, é igualmente culpado.

Nesse último caso, o general deveria recusar a obediência; porque uma obediência cega é devida apenas a um comando militar dado por um superior presente no local no momento da ação. Estando de posse do estado real das coisas, o superior tem então, em seu poder, as explicações necessárias para a pessoa que executa suas ordens.

Mas, supondo que um comandante receba uma ordem positiva de seu soberano, direcionando-o para lutar uma batalha, com uma exigência adicional de ceder ao seu adversário e permitir-se ser derrotado – deve ele obedecer? Não. Se for capaz de compreender o significado ou a utilidade de tal ordem, o general deve executá-la; caso contrário ele deve se recusar a obedecê-la.

NOTA

Na campanha de 1697, o Príncipe Eugênio fez com que o mensageiro que lhe trazia ordens do imperador fosse interceptado, proibindo-o de arriscar uma batalha para a qual tudo havia sido preparado, e que ele previa resultar decisiva. Ele considerou, portanto, que cumpriu seu dever de fugir das ordens do seu soberano; e a vitória de Zanta, na qual os turcos perderam cerca de trinta mil homens e quatro mil prisioneiros, recompensou sua audácia. Entretanto, apesar das imensas vantagens que resultaram dessa vitória para as armas imperiais, Eugênio caiu em desgraça em sua chegada a Viena.

Em 1793, o General Hoche, tendo recebido ordens para avançar sobre Treves com um exército obrigado a marchas constantes em país montanhoso e difícil, recusou-se a obedecer. E observou, com razão, que, a fim de obter a posse de uma fortaleza sem importância, ele estava expondo o exército à ruína inevitável. Ele fez com que suas tropas retornassem aos quartéis de inverno, e preferiu a preservação do seu exército, do qual dependia o sucesso da futura campanha, para sua própria segurança. Chamado a Paris, foi jogado em uma masmorra, da qual ele só escapou com a queda de Robespierre.

Não me atrevo a decidir se tais exemplos devem ser imitados; mas parece ser questão tão importante que vale ser discutida por homens capazes de determinar seus méritos.

MÁXIMA LXXIII

A primeira qualificação de um comandante-geral é a cabeça fria – isto é, alguém que receba apenas impressões razoáveis e avalie as coisas e os objetivos por seu valor real. Ele não deve permitir-se ser exultante com as boas notícias ou deprimir-se com as más.

As impressões que ele recebe, sucessiva ou simultaneamente, no decorrer do dia devem ser classificadas de modo assumir apenas o lugar exato que merecem ocupar em sua mente; uma vez que é sobre uma comparação justa e consideração do peso devido a diferentes impressões que o poder do raciocínio e do julgamento correto dependem.

Alguns homens são física e moralmente constituídos para ver tudo através de um meio altamente matizado. Eles criam uma imagem nas mentes em cada ocasião e dão a cada ocorrência trivial um interesse dramático. Mas seja qual for o conhecimento, o talento, a coragem ou outras boas qualidades que tais homens possuam, a natureza não os formou para o comando de exércitos ou para a direção de grandes operações militares.

NOTA

"A primeira qualidade de um comandante-geral", diz Montecuccoli, "é um grande conhecimento da arte da guerra. Isto não é intuitivo, mas o resultado da experiência. O homem não nasce comandante. Ele deve se tornar um. Não fica ansioso; mantém sempre a frieza; evita confusão em seus comandos; nunca altera a continência; e dá ordens no meio da batalha com tanta compostura como se estivesse perfeitamente à vontade. Estas são as provas da bravura em um general".

"Para encorajar os tímidos; aumentar o número dos verdadeiramente corajosos; reviver o ardor cambaleante das tropas na batalha; reunir aqueles que estão quebrados; trazer de volta à acusação aqueles que são repelidos; descobrir recursos na dificuldade, e sucesso mesmo em meio a desastres; estar pronto para o momento de se dedicar, se necessário, ao bem-estar do estado. Estas são as ações que adquirem para um reconhecimento geral e renome".

A isso pode ser acrescentado o talento de discriminar o caráter, e de empregar todo homem no posto específico que a natureza o qualificou para preencher. "Minha principal atenção", disse o Marechal Villars, "sempre foi direcionada para o estudo dos generais mais jovens. Como um que eu encontrei que, pela ousadia de seu caráter, fosse apto a comandar uma coluna de ataque; outro, por uma disposição naturalmente cautelosa mas sem ser deficiente em coragem, mas perfeitamente confiável para a defesa do país". É apenas pela justa aplicação dessas qualidades pessoais a seus respectivos objetos que é possível comandar o sucesso na guerra.

"O exército é a verdadeira nobreza do nosso país". Napoleão retratado com sua equipe.

Napoleão realiza o reconhecimento do campo na Batalha de Jena.

frente; porque este quase sempre está sob a orientação da autoridade superior, que dirige a totalidade dos seus movimentos, enquanto o talento e o gênio do partidário é desenvolvido e sustentado por uma confiança em seus próprios recursos.

MÁXIMA LXXVII

Comandantes-gerais devem ser guiados por sua própria experiência, ou por sua genialidade. Táticas, evoluções, deveres e conhecimento de um engenheiro ou oficial de artilharia podem ser aprendidos em tratados, mas a ciência da estratégia é adquirida apenas pela experiência e pelo estudo de campanhas de todos os grandes capitães.

Gustavus Adolphus, Turenne e Frederico, assim como Alexandre, Hannibal e César, todos agiram sob os mesmos princípios. Estes foram: manter suas forças unidas; não deixar desprotegida nenhuma parte fraca; tomar com rapidez os pontos importantes.

Tais são os princípios que levam à vitória, e que, inspirando terror à reputação de suas armas, manterão ao mesmo tempo a fidelidade e garantirão a submissão segura.

NOTA

"Um grande capitão só pode ser formado", diz o Arquiduque Carlos, "por longa experiência e intenso estudo: nem sua própria experiência é suficiente – pois qual vida tem eventos suficientemente frutuosos para tornar este conhecimento universal?". É, portanto, pelo aumento de informações do inventário dos outros, apreciando justamente as descobertas dos seus predecessores, e tomando para seu padrão comparativo aqueles grandes feitos militares, em conexão com seus resultados políticos, em que a história da guerra é abundante, que ele pode se tornar sozinho um grande comandante.

Batalha de Austerlitz, *2 de dezembro de 1805, por François Gérard. Mostra o General Rapp se reportando a Napoleão sobre a derrota da Guarda Imperial Russa. O encontro é frequentemente citado como um exemplo de gênio militar. O próprio Napoleão observou: "A Batalha de Austerlitz é a maior de todas que eu lutei".*

MÁXIMA LXXVIII

Examine de novo e de novo as campanhas de Alexandre, Hannibal, César, Gustavus Adolphus, Turenne, Eugênio e Frederico. Tome-os como modelo. Este é o único meio de se tornar um grande capitão e de adquirir o segredo da arte da guerra. Seu próprio gênio será iluminado e aperfeiçoado por esse estudo, e você aprenderá a rejeitar todas as máximas estranhas aos princípios desses grandes comandantes.

NOTA

Foi para facilitar esse objetivo que eu escrevi esta obra. Depois de ler e meditar sobre a história da guerra moderna, trabalhei arduamente para ilustrar, com exemplos, como as máximas de um grande capitão podem ser aplicadas. Espero que esse objetivo possa ser alcançado!

Batalha das Pirâmides, 21 de julho de 1798, travada entre os franceses e os egípcios. Napoleão empregou enormes blocos divisionais. Eles eram, de fato, retângulos nos quais a cavalaria e o transporte eram protegidos por seis patentes de infantaria nos quatro lados. Repeliram os ataques combinados da cavalaria dos cavaleiros mamelucos e ajudaram a garantir a vitória aos franceses.

ÍNDICE

A
Abukir, batalha de 143
Academias militares 9
Acampamentos 34, 35, 88
Acantonamento 35
Alas 38, 92
Alegoria da Rendição de Ulm, 11
Alexandre I, Czar 8, 42
Alexandre Magno 8
Almaza, batalha de 87
Alpes 15
Alvinzi, marechal, 46
Anarquia 144
Antoine Jomini, Barão 9
Arcola, batalha de 26, 27
Artilharia 28, 44, 90, 110, 114, 119, 120, 121
   Artilharia de reserva 85, 89
   Artilharia e cavalaria 119
   Artilharia móvel 85
   Comandante de artilharia 151
   Oficial de artilharia 154
   Posições de artilharia 85, 121
Assalto 100
Ataque 25, 54, 116
Audácia 39, 69
Austerlitz, batalha de 17, 124, 154, 155
Autoridade 29
Avanço 26

B
Bagagem 85
Balanço de guerra 24
Balzac, Honoré de 8, 9
Baterias de campo 121
Bávaros 56, 57
Beaulieu, general 36, 64, 75
Berlim 44
Berthier, marechal 149, 150
Berwick, duque de 60, 87, 103, 105
Berven, duque de 86
Boêmia 22
Brunet, general 54

C
Cabeça de ponte 71, 80, 90, 96, 97
Campanha 16, 17
Campo de batalha 28
Campo fixo 35
Canhão 92
Capitulação 110, 136, 138, 139
Carlos XII 20
Castiglione, batalha de 17, 18, 19
Cavalaria 28, 44, 84, 110, 114, 116, 118
   Cavalaria de reserva 118
   Cavalaria e artilharia 119
   Cavalaria e infantaria 114
   Cavalaria leve 84
   Cavalaria ligeira 117
Cerco 153
Championnet, general 74
Chiari, batalha de 59
Ciência militar 10
Circunvalação 106
Clausewitz, Carl von 9
Códigos de guerra 85
Colunas 74
Comandante-geral 29, 40, 62, 123
Comando unificado 133
Combate napoleônico 9
Comando 29
Comunicação 72, 49
Condé, príncipe de 56, 57, 59, 62
Condutas do general 62, 123
Confiança 65
Conquistados 83
Conselho áulico 16
Conselho de guerra 109, 134
Consequências 134
Contramarcha 34
Coragem 125
Corpo inimigo 9
Corporações infiltradas 36
Cooperação 111
Culpa 145

D
D'Aguilar, George 8, 9, 111
Danzig, cerco de 103
Daun, marechal 41, 81
Debandada 26
Defensiva 24, 26, 64, 68
Defesas naturais 34, 36
Denain, batalha de 24
Desaix, general 69, 81, 82
Deserto 15
Destacamentos 32, 94
Desvantagem 42
Disciplina 129
Distanciamento 147
Dniepre 15, 33
Dresden, batalha de 88
Duração da guerra 42

E
Egito 15
Elba 8
Emboscada 86
Engenharia 94
Escolas de Guerra 9
Espírito de união 29
Essling, batalha de 94
Estado de apoio 28
Exílio 8, 9
Experiência 147, 154

F
Falange 28
Fenestrelle, coronel 51, 85
Fidelidade 144
Fileiras 112, 113
Flancos 20, 30, 31, 36, 54, 80, 81, 86, 112, 113
Forças combatentes 81
Fortalecimento 58
Fortificação 106
Frederico 9, 11, 22, 41, 42, 78, 80, 93
Friedland, batalha de 17, 42, 78
Fronte 36, 81
Fronteiras 15, 144

G
Genola, batalha de 74
Glória 56
Grupos de busca 153
Guarda avançada 34, 84
Guarda baixa 42
Guarnição 107, 108, 109
Guerra Civil Americana 9
Guerra da Sucessão Espanhola 24
Guerras
   Guerras de invasão 15
   Guerras de montanha 54
   Guerras defensivas 99
   Guerras ofensivas 99
   Guerras napoleônicas 9
   Guerras Revolucionárias Francesas 26
Gustavus Afolphus 11, 21

H
Hanau, batalha de 71
Hohenlinden, batalha de 72
Honra 56

I
Idade Média 20
Infantaria 28, 32, 44, 110, 112, 113

CRÉDITO DAS IMAGENS

akg-images: 137

Alamy Stock Photo: 33 (Pictorial Press Ltd), 51 (The Artchives), 153 (Chronicle)

Bridgeman Images: 10 (Château de Versailles, France), 18–19 (Musée d'Art et d'Archéologie, Moulins, France), 23 (PVDE), 27 (Private Collection/photo © Christie's Images), 58 (Brown University Library, Providence, Rhode Island, USA), 67 (Napoleon and His Escort, Chelminski, Jan van/Private Collection/photo © Christie's Images), 77 (De Agostini Picture Library/M. Seemuller), 83 (Staatliche Museen, Berlin, Germany), 87 (Palacio del Senado, Madrid, Spain/Index), 88 (De Agostini Picture Library / J. E. Bulloz), 91 (De Agostini Picture Library), 95 (De Agostini Picture Library/G. Dagli Orti), 112 (Museo Napoleonico, Rome, Italy), 115 (Château de Versailles, France), 139 (Heeresgeschichtliches Museum, Vienna, Austria), 148 (Wallace Collection, London, UK)

Diomedia: 40 (Fine Art Images), 57 (Josse Fine Art)

Getty Images: 2 (Leemage/Corbis), 14 (SuperStock), 47 (Leemage/Corbis), 102 (Historica Graphica Collection/Heritage Images), 107 (De Agostini Picture Library), 133 (Fine Art Images/Heritage Images), 140 (De Agostini Picture Library), 156–7 (Ann Ronan Pictures/Print Collector)

Mary Evans Picture Library: 127

Shutterstock: 65 (Everett Collection)

Inimigo
Invasão 100
Itália 15, 64

J
J.-L. Gaudy 9
J.-L. Gérôme 15
Jena, batalha de 83, 132, 153
Jourdan, general 76
Júlio César 8, 9

L
La Coruña, batalha de 141
La Moskwa, batalha de 121
Lannes, Jean, marechal 98
Las Cases, conde de 9
Laudon 41
Lefebvre, marechal 103
Leipzig, batalha de 71
Liderança
  Importância da liderança 123
  Ética e moral dos soldados 44, 45, 128, 130
  Qualidades e características de um líder 147, 148
  Ordens e responsabilidades 145, 146
  Talento para liderança 135
  Fraquezas 136, 137
Loano 51
Lodi, batalha de 36, 91
Lorena, príncipe de 86
Lowe, Hudson 9

M
Mack, general 110
Manobras 65, 75, 92
Mântua 16, 17, 26, 46, 47, 48, 85, 106
Marcha 20, 22, 38, 30, 31, 33, 42, 48, 50, 53, 60, 61, 62, 67, 80, 85, 100, 113
  Marcha e manobras 60, 61
Marienthal, batalha de 70
Materiel 65, 83, 85, 100
Maxen, batalha de 138
Melas, general 74, 81
Merci, conde 57, 70
Michel Ney, marechal 9
Millesimo, batalha de 65, 75, 137
Mondovì, batalha de 65
Montecuccoli 11, 29, 42, 49, 60, 61, 103, 129, 132, 147, 148
Montenotte, batalha de 65, 75

Moreau, general 52, 53, 69, 72, 73, 85
Mula 64

N
Nápoles 51
Neve 94
Nördlingen, batalha de 57

O
Obediência 145
Obstáculos naturais 20, 100
Ofensivas 24, 26, 64, 69
Ofensivas noturnas 34
Operações 29, 46
Ordem de batalha 86
Organização do exército 124
Ousadia 71

P
Palestina 20
Passagem do rio 89, 90
Península, guerra da 107
Pensamentos militares 9
Pirâmides, batalha das 156, 157
Pireneus 15
Planejamento 16, 17, 24
Pó, rio 51
Pontes 32, 89, 91, 93
Ponto de passagem 89
Postos avançados 26, 152
Princípios 39
Prisioneiros de guerra 132, 140, 141
Prontidão 28
Provéra, general 47, 48, 106, 136
Provisões 43, 35
Prudência 150

R
Rastro 38
Recrutas 38, 45
Recuo 26
Regiões abertas 89
Regras de Conduta para Ações Militares nas Montanhas 50
Reno, rio 15, 60
Reservas 38
Reservas de cavalaria 84
Resiliência 125
Resistência 28
Retaguarda 39, 54, 78
Retardar 99
Retirada 17, 34, 35, 53, 62, 85, 127

Retirada, manobras de 26
Rios 15, 16, 32, 33, 37, 89, 90, 91, 92, 93, 94, 95
Riscos 39
Rivoli, batalha de 47
Rosbach, batalha de 80

S
Santa Helena 9
Sardenha, rei de 65
Saúde 131
Saxe, marechal de 26, 40, 81
Síria 20
Sistema militar 124
Soldados de elite 127
Soubise, príncipe de 80
Sucesso 29
Suvorov, Alexandre, general 50
Suwarrow, marechal 53

T
Tanaro 51
Táticas 47, 100, 101, 102, 103
Tendas 131
Tirol 17
Torgau, batalha de 83
Travessia, 92
Trincheiras, entrincheirar 32, 60, 62, 94, 97, 106, 126
Turenne, marechal 9, 11, 56, 57, 60, 61, 62, 66, 70, 96
Turquia 20

U
Ulm, capitulação de 110
União 22, 46
Unidade 29

V
Valentia 125
Vantagem 20, 30, 32, 35, 42
Villars, marechal 24, 25, 42, 108, 110, 130, 134, 135, 143, 148
Villeroi, marechal 59
Von Ziethen, general 83

W
Wagram, batalha de 31, 116, 117, 121
Wellington, duque de 9
Wurmser, marechal 16, 17, 85, 106

Z
Zach, coronel 81